AF771755

Larsen/Schürer/Stratil

Einfach singen!

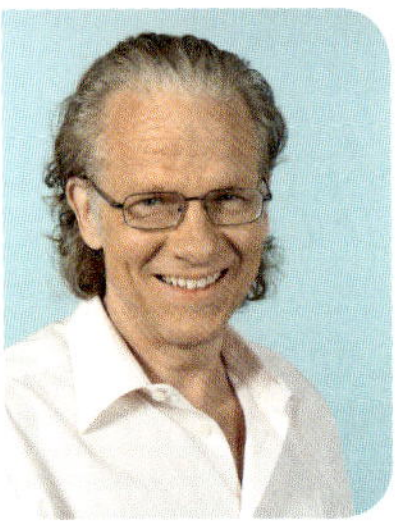

Dr. med. Christian Larsen ist ärztlicher Leiter des Spiraldynamik® Med Centers in Zürich. Schon früh zeichnete sich sein Interesse an ganzheitlichen Heilmethoden ab, das er auf Studienreisen u. a. nach Alaska, Tibet, Japan und China vertiefen konnte. Mit der Spiraldynamik® verfolgt er vor allem ein Ziel: Menschen zu befähigen, die Weisheit des Körpers zu entdecken.

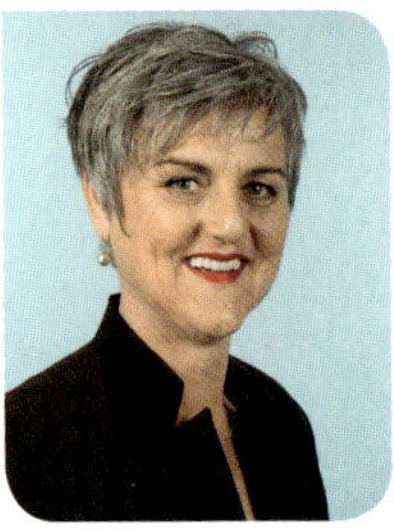

Julia Schürer, Sängerin und Gesangslehrerin, hat sich als Stimmbildnerin auf die Zusammenarbeit mit Chören spezialisiert. Mit viel Know-how vermittelt sie Sängerinnen und Sängern nicht nur die Grundlagen der Stimmbildung, sondern vor allem auch die Freude am Singen, mit dem ganzen Körper und der ganzen Seele. Ihre Überzeugung: Unser Körper ist ein wunderbares Instrument – jeder kann lernen, es zum Klingen zu bringen.

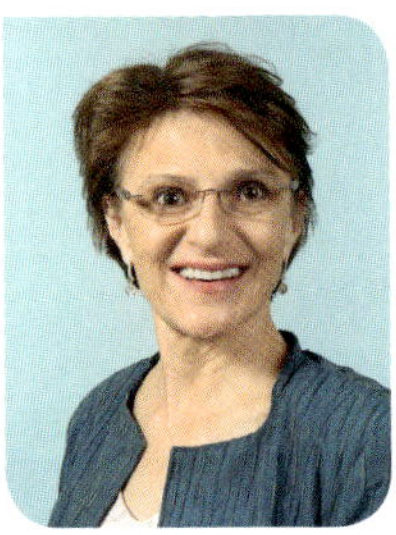

Dana Gita Stratil, Sängerin, Gesangslehrerin und Stimmtrainerin AAP®. Seit über 30 Jahren geht und lehrt sie den »Weg der Stimme«. Geprägt von Yoga, Meditation, ganzheitlicher Stimmausbildung und Spiraldynamik® vermittelt sie Selbsterfahrung und Freude am Auftritt mit Gesang und Sprache. Sie weiß: Jede Stimme hat einen eigenen Zauber und kann ihre harmonisierende Kraft für Körper, Geist und Seele entfalten.

Dr. med. Christian Larsen · Julia Schürer · Dana Gita Stratil

Einfach singen!

Die Stimme im Chor entwickeln

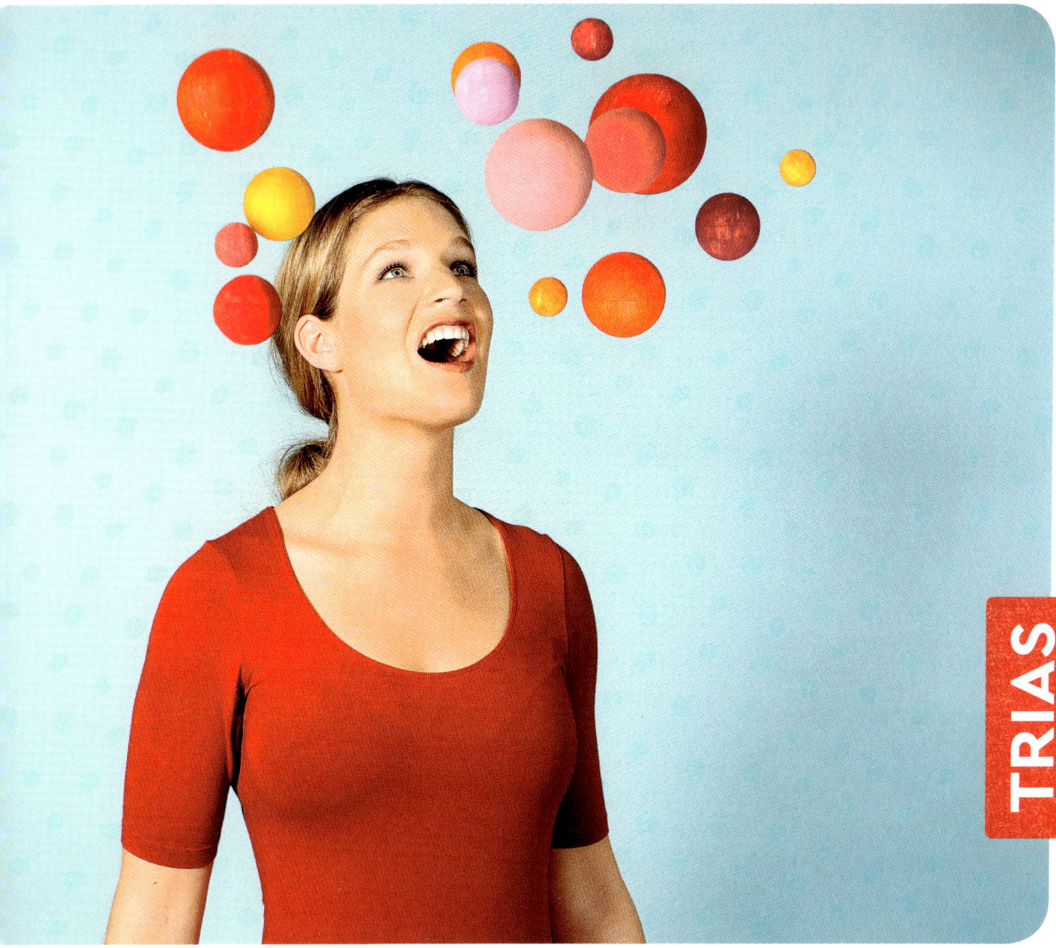

TRIAS

7 **Sing einfach!**

9 **Singen: Massage für Körper und Geist**

10 **Befreit, beglückt, beflügelt**
11 Die verborgene Sehnsucht
12 Instru-Mensch
13 Einfach singen? Sing einfach!

15 **Haltung**
15 Das Spiel mit der Schwerkraft ...
16 Anatomie: Boden, Mitte & Aufrichtung
18 Innere Haltung – Wer singt, muss präsent sein
19 Dynamisches Stehen – Ton mit Körper verbinden
20 Körper im Lot
21 Brust-Kreuzbein-Gegenzug
22 Schwalbe
23 Königlich aufgerichtet

25 **Atmung**
25 Atem ist Leben ...
26 Anatomie: »Abspannen« bedeutet reflexartiges Einatmen
28 Atem und Psyche – das alte Bündnis
29 Abspannen – Luft holen durch Loslassen
30 Hula
31 »Hopp« – Abspannen
32 Hupe – »Po!«
33 Blasebalg

35 **Stimme**
35 Stimme – das Wunderwerk der Natur
36 Anatomie: »Stimme« entsteht erst danach ...
38 Auch Sie haben eine Stimme!
38 Sitz der Stimme – kleiner Kehlkopf, große Wirkung!
40 Zurück ins Körbchen
41 Der Rachen – ein Konzertsaal
42 Stimmbänder – Schwingung pur
43 Liftschacht und Tonleiter

45 **Stütze**
45 Diesen Ton müsst ihr besser stützen ...
46 Anatomie: »Atemstütze« heißt Weite beim Ausatmen
48 Singen erfordert Kraft – keine Anstrengung
48 Immer genug Luft – Behalten statt verschwenden!
50 Der Luftballon hat Muskeln
51 Stoß die Wand weg!
52 Spreng das Korsett!
53 Kraft aus der Mitte

55 **Resonanz**
55 Machtvolle Klänge ...
56 Anatomie: Dynamische Resonanzräume
58 Klangräume und Raumklang – mit dem Herzen singen
59 Klangwelten entstehen im Kopf
60 Der Schädel als Klangschale
61 Obertöne – Klangfarben des Tons
62 Klingende Maske
63 Der Schnabel des Tukans

65 **Artikulation**
65 Kristallklare Aussprache
66 Anatomie: Annäherung an ein komplexes Thema
68 Text, Melodie und Rhythmus – Gesang als klingende Sprache
68 Die Lust auszuprobieren – derrrr Tigerrrrr is brrrutal ...
70 Das rollende Rrrrrr auf der Achterbahn
71 Pack den Ton!
72 Schnellschwatz für Lippen und Zunge
73 Der springende Ton

75 **Volumen**
75 Im (Ur-) Schrei liegt die Kraft ...
76 Anatomie: Die Körperspannung regelt das Volumen
78 Für Volumen braucht's Mut!
78 Von der Lust am Lautwerden
80 Bärensitz
81 Dampfkochtopf
82 Ringkraft pur
83 Nimm den Raum! Füll den Raum!

85 **Höhen und Tiefen**
85 Zauberformel: ohne Anstrengung!
86 Anatomie: Tiefen und Höhen gehören zusammen
88 In die Tiefe sinken – in die Höhe fliegen
88 Hohe Töne sind schon da
90 Wie die große Kirchenglocke
91 Das »ng« als Nadelöhr nach oben
92 Tiefer Fall, hoher Ton
93 Keine Angst vor hoch und laut

94 **Service**

94 **Glossar**

94 **Stimmige Tipps von Stimmprofis**

95 **Stimmpflege**

95 **Literatur**

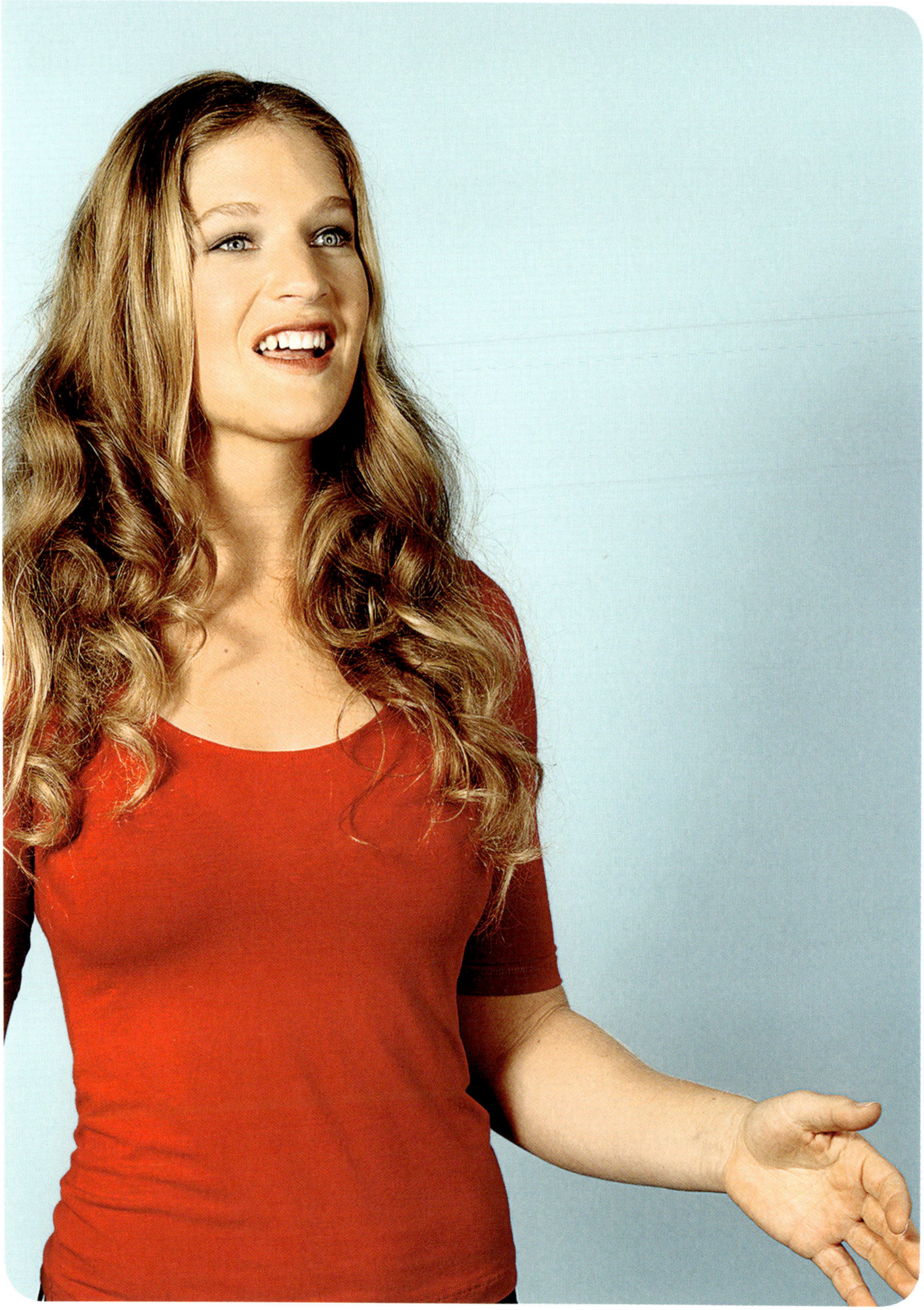

Sing einfach!

» Wie ein Bildhauer einen Stein bearbeitet, gestaltet der Mensch seinen Körper – ein Leben lang. Nur verwendet er Bewegung und Bewusstsein statt Hammer und Meißel. «

Dieses Büchlein, das Sie gerade in den Händen halten, vermag Ihre Stimme – und vielleicht gar Ihr Leben – für immer zu verändern. Mit Liebe und Freude am Singen geschrieben, möchten wir Ihre – verborgene – Sehnsucht, einfach zu singen, zum Leben erwecken. Sie werden überrascht sein: Vieles im Leben kommt von alleine ins Lot, wenn es stimmt mit der eigenen Stimme.

Wenn jemand behauptete: »Dein Kind kann nicht Fahrrad fahren!«, wäre Ihr erster Gedanke wohl: »Ja hallo! Mein Kind kann es aber lernen, oder?« Wenn es um die eigene Stimme geht, funktioniert dieser gesunde Reflex leider nicht. Wie die Spinne schnell ein Netz um ihr Opfer webt, wickeln sich negative Äußerungen blitzschnell um die Lust am Singen. Mit den Jahren wird das Netz dichter, es verklebt und verfilzt. Die Stimme bleibt darin gefangen, der Mensch singt nicht mehr.

Die Lust am Singen ist wie ein kleines Kind: Sie muss liebevoll, mit klaren Bildern und positiven Erlebnissen dazu verführt werden, wieder mitzuspielen. Tun Sie dies am besten zu Hause und in Ruhe: Sprechen, schnattern, schluchzen, seufzen, singen, schreien Sie, … und Sie werden bemerken, wie sich Ihre Stimme wieder traut, mitzuspielen. Und irgendwann erleben Sie Ihre Stimme neu – als lebendigen und authentischen Ausdruck Ihrer selbst. Sing dich frei!

Viel Erfolg … Sing einfach!
Julia Schürer, Dana Gita Stratil, Dr. med. Christian Larsen

Kostenlose Videotracks zum Buch finden Sie unter:
www.trias-verlag.de/singen/spiraldynamik

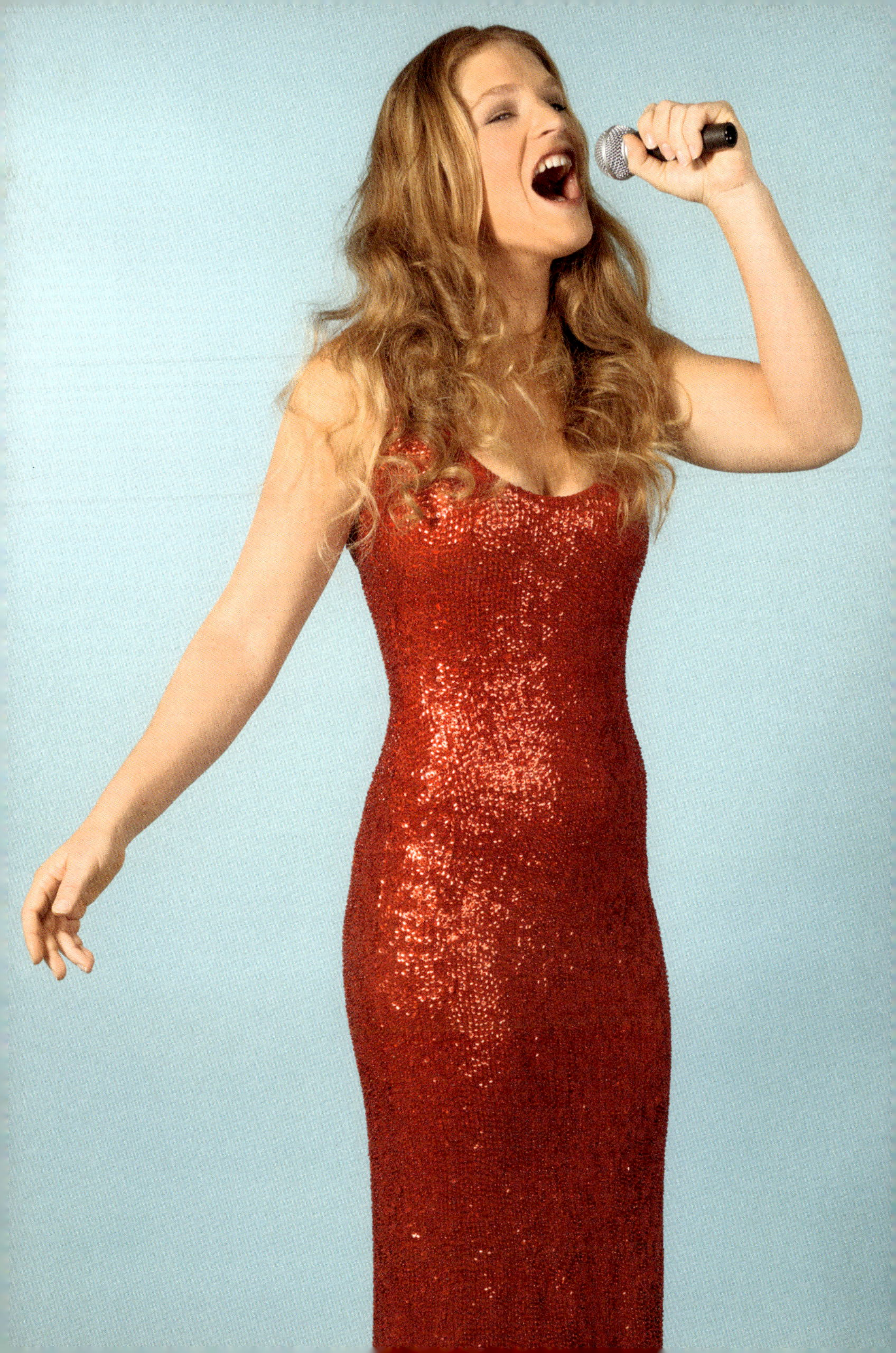

Singen: Massage für Körper und Geist

Singen ist mehr als ausgeatmete Luft, die klingt. Wer singt, arbeitet mit Körper und Geist. Arbeitet mit seinen physischen und seelischen Kräften.

Befreit, beglückt, beflügelt

Die Wissenschaft hat gezeigt: Singen wirkt, lindert Schmerzen und lässt besser schlafen.

» *Du bist die Flöte, der Flötenspieler und das Lied.* «

Indisches Sprichwort

Die wichtigste Erkenntnis der modernen Neurowissenschaften lautet: Das Gehirn funktioniert am besten, wenn Freude, Lust und Neugier mit im Spiel sind. Eiserne Disziplin und endloses Bemühen haben ausgedient. Aber wie bitte kommen Freude, Lust und Neugier ins Gehirn? Insbesondere in Momenten, in denen es nichts zu lachen gibt? Richtig, Sie vermuten es vielleicht schon: Sing einfach! Singen ist der beste und natürlichste Stimmungsaufheller der Natur: starke Wirkung, keine Nebenwirkung. Wen wundert's, dass alle großen medizinischen Datenbanken eine wissenschaftliche Lobeshymne auf das Singen anstimmen.

Beim Singen fluten Glückshormone das Gehirn und erweitern das Bewusstsein. Gleichzeitig werden die Stresshormone Adrenalin und Kortisol heruntergefahren – eine Alternative zum Glas Rotwein am Abend. Singen hält zudem Ihr Gehirn topfit. Zehnmal besser als Sudoku und Kreuzworträtsel. Die wissenschaftliche Erklärung: Das Gehirn wird beim Singen multidimensional gefordert – motorisch, sensorisch, emotional und kognitiv. Was das Gehirn mit erhöhter Neuroplastizität (Fähigkeit des Gehirns, sich anzupassen und zu lernen) und vertiefter Neuroregeneration (Erholung des Gehirns) dankt. Mit anderen Worten: Beim Singen bildet das Gehirn fleißig neue Synapsen (Nervenschaltstellen), repariert defekte Zellen, optimiert die Aufmerksamkeit, erleichtert das Lernen und sorgt für gute Laune.

Immer noch Zweifel? Hier die Feuerprobe: Die positiven Wirkungen des Singens lassen sich selbst bei handfesten gesundheitlichen Problemen wissenschaftlich nachweisen. Singen hilft bei Schmerzen und Schlafstörungen, Atemnot und Demenz, sogar bei handfesten Befunden wie Rückenleiden und Gelenkarthrose. Selbst Knochenbrüche sollen schneller heilen. Wer kann da noch widerstehen? Die positiven Wirkungen gelten für Kinder, Erwachsene, Neugeborene, Ungeborene, Gesunde, Kranke. Seit Menschengedenken – bei uns und rund um den Globus!

Die verborgene Sehnsucht

» Es geht nicht darum, ob Du singen kannst oder nicht. Es geht darum, ob Du es tust oder nicht! «

Also fangen Sie am besten gleich damit an! Machen Sie Töne, Geräusche, Melodien ... Probieren Sie mit Ihrer Stimme alles aus, wozu Sie sich fähig fühlen oder was Sie sich erst getrauen müssen.

Töne produzieren ist wie Böhnchen zählen: ein gutes Böhnchen, ein schlechtes Böhnchen, zwei gute, drei schlechte ... Sie nehmen es zur Kenntnis, mehr nicht. Genauso ist es beim Singen, beim Produzieren von Tönen: Ein Ton gelingt, der nächste Ton nicht ... Der Unterschied zwischen Böhnchen und Tönchen ist dieser: Bei den Tönchen verurteilen Sie jeden sogenannten schlechten Ton und schlussfolgern daraus, dass Sie nicht singen können. Irrtum! Sie werden in Ihrem Leben so oder so noch viele schlechte Töne produzieren, also fangen Sie am besten gleich damit an, denn: Übung macht hier schnell den Meister. Ihre Stimme wird sich mit Sicherheit zum Besseren verändern!

Tatsache ist: Viele Menschen hegen den heimlichen Wunsch zu singen. Im Kindesalter ist Singen natürlich: Alle tun es – beseelt, beherzt und lustvoll. Aber dann findet – in unserer Kultur – das Experiment mit der eigenen Stimme meist ein jähes Ende. Lehrpersonen, Eltern, Geschwister schaffen es, des Kindes frohe Lust am Singen mit nur einer einzigen abschätzigen Bemerkung zum Verstummen zu bringen. Oftmals für immer.

Viele Erwachsene sind der festen Überzeugung, sie könnten nicht singen. Das hat oft Auswirkungen auf das Sprechverhalten und die Kommunikationsfähigkeit. Hierzu die gute Nachricht: Mit Singen ist es möglich, diesen »Knoten« aufzulösen und Freude an der eigenen Stimme neu zu entdecken – solo, in einer Gruppe oder im Chor. Singen öffnet das Herz und befreit. Der Sologesang ist ein ultimativer Ausdruck von Individualität. Im Chorgesang entsteht das Gefühl von Einheit, von etwas Ganzem und Großem.

Kurzum: Jenseits von »singen können« und »nicht singen können« geht es um Ihre konkrete Bereitschaft zu üben: Singen ist lernbar, wie jedes andere Instrument. Sie lernen singen, indem Sie singen! So einfach ist das.

Instru-Mensch

» *Singen ist ein Ganzkörper-Ereignis. Der Körper ist dabei das Instrument. Davon leitet sich das Wortspiel »Instru-Mensch« ab.* «

Der ganze Körper ist das »Musikinstrument« des Sängers. Es ist ein Zusammenspiel vieler Komponenten: Körperhaltung, Atem, Stimme, Resonanzräume. Dazu kommt die Geschicklichkeit, den Klang der eigenen Stimme mit Mimik, Kiefer, Mundinnenraum und Gaumensegel, Lippen und Zunge kunstvoll zu gestalten. Beim Singen bespielen Sie alle Teile Ihres Körperinstruments und fügen es zu einem großen Ganzen zusammen – wie der Dirigent ein großes Orchester. Stimmen die Funktionen aller Einzelteile überein, entsteht ein einzigartiger persönlicher Klang: Ihre Schwingung, Ihr Timbre, Ihr emotionaler Ausdruck der innersten Empfindung – in Ton und Gesang verwandelt.

Singen und Spiralprinzip. Was das Joggen mit X-Beinen für die Kniegelenke ist, ist das Singen in einer falschen Körperhaltung für die Stimme. Ein Forscherteam – aus den Bereichen Medizin, Therapie, Tanz, Yoga und Pädagogik – hat den Bauplan des menschlichen Körpers von Kopf bis Fuß entschlüsselt und dabei das Spiralprinzip als roten Faden der menschlichen Anatomie entdeckt. Die Wirbelsäule dreht sich beim Gehen spiralförmig und abwechslungsweise nach links und nach rechts; Knie- und Ellbogen sind Dreh-Scharniergelenke, die Kreuzbänder im Kniegelenk, die Gewölbearchitektur des Fußes usw.

Spiraldynamik® ist eine Gebrauchsanweisung für den eigenen Körper von Kopf bis Fuß. Dieses Know-how ist in kompakter und leicht verständlicher Form in das Buch eingeflossen und hilft Ihnen beim »Stimmen Ihres Körperinstruments«. Was beim Singen gut funktioniert, funktioniert auch in der Therapie – bei verspannten Muskeln, bei Gelenkschmerzen und bei vielen anderen Beschwerden des Bewegungssystems. Wenn Sie mehr darüber erfahren möchten, besuchen Sie unsere Website – inklusive Kursangebot und Adressen in Ihrer Nähe www.spiraldynamik.com.

Einfach singen? Sing einfach!

Das Buch: Die acht Kapitel sind logisch auf einander abgestimmt: Das kleine Einmaleins der Stimmbildung von der Körperhaltung bis zu den hohen Tönen. Atmung, Stimmbildung, Stützen, Resonanz und Artikulation. Alle Aspekte werden miteinander zu einem ganzheitlichen Singerleben verbunden und verwoben.

Acht Kapitel: Wir zeigen Ihnen Schritt für Schritt, wie das alles funktioniert: Ein prägnanter anatomischer Teil erklärt Ihnen, was genau im Körper vor sich geht; psychologische Tipps helfen Ihnen, Hemmungen und falsche Überzeugungen abzubauen; pädagogische Tipps unterstützen Sie bei der praktischen Umsetzung. Danach folgen die Übungen. Apropos: Das Wort »Übung« leitet sich vom lateinischen Wort »opus« ab und bedeutet so viel wie »Kunstwerk«. Gefragt sind Lebendigkeit, Authentizität und eine lustvolle, machbare Form von Disziplin, aber nicht Drill.

32 Übungen: Pro Kapitel finden Sie vier sorgfältig ausgesuchte Übungen. Ziel, Ausgangsposition und Aktion sind klar definiert. Wo nötig finden sich Warnhinweise. Zahlreiche Varianten erweitern Ihre Übungsmöglichkeiten. Es stimmt schon: Jede der vorgestellten Übungen könnte noch genauer beschrieben werden. Vielleicht denke Sie: »Wie geht das ganz genau?« Unser Tipp: Einfach versuchen und dem Prozess vertrauen! Wichtig ist dies: **dass Sie es tun**! Denn: Wer nicht singt, kann auch nicht singen, weil er ja nicht singt … und deswegen auch nicht singen kann … Kurzum: Singen Sie einfach!

Videotracks: Begleitend zu diesem Buch haben wir für Sie alle Übungen auf Video aufgenommen. Für den Zugang nutzen Sie bitte folgenden Link: www.trias-verlag.de/singen/spiraldynamik. Weiterführende Informationen und Kontakt zum Autoren-Team finden Sie auf: www.einfach-singen.net.

Geheimtipp

Laut werden, brüllen, weinen, Grimassen schneiden, blödeln, Erotik, Leidenschaft, Verrücktheit … Alles, was man öffentlich nicht tun darf oder lieber nicht zeigen möchte, dürfen Sie jetzt tun! Müssen Sie sogar tun, damit es klingt und berührt. Mit der Zeit merken Sie selbst, was Ihnen und Ihrer Stimme guttut, was Sie weiterbringt und welche Übung zu Ihnen passt. **»Einfach Singen!«** erleichtert Ihnen den Einstieg. In diesem Buch steckt geballtes anatomisches und pädagogisches Know-how. Kompakt – aus der Praxis für die Praxis

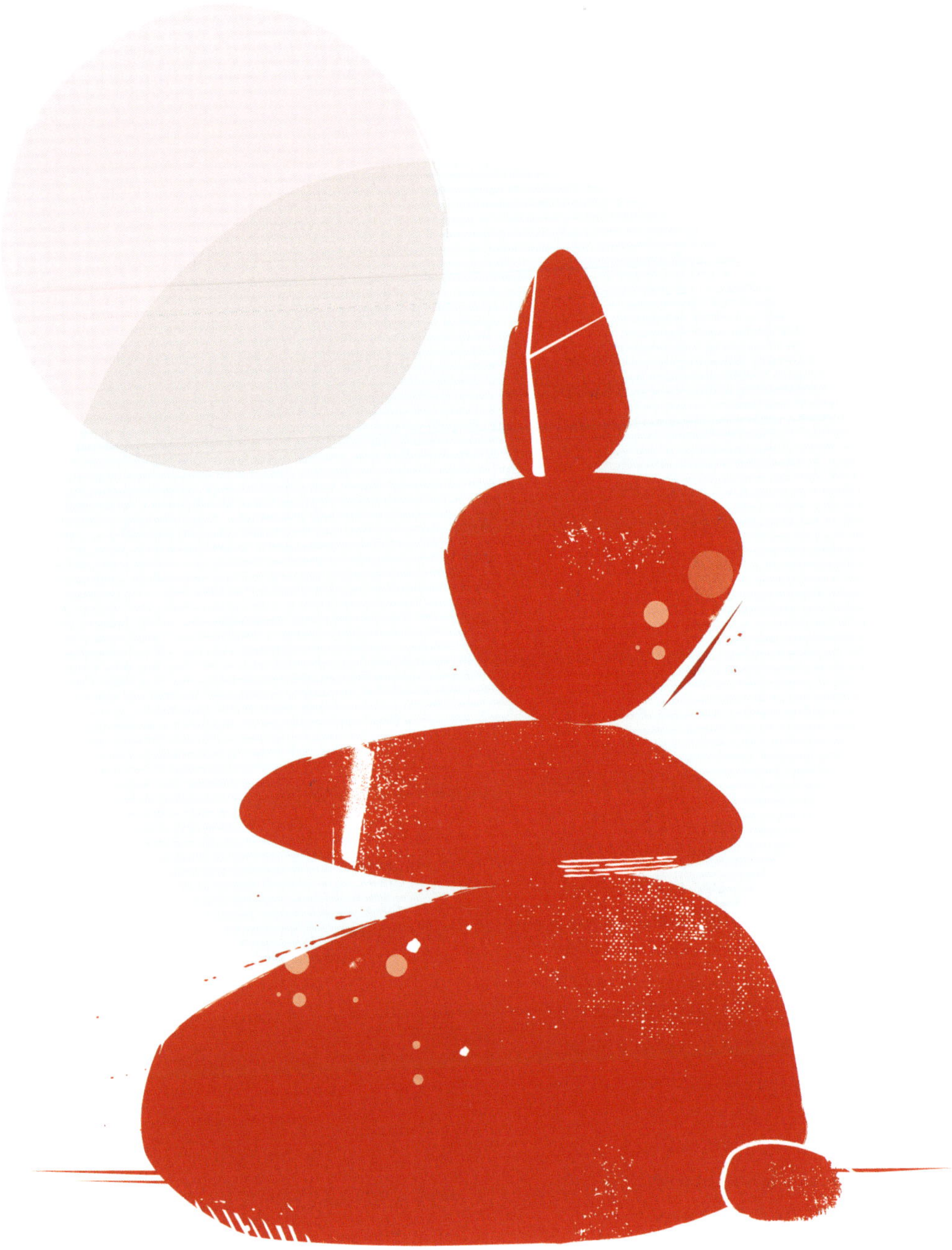

Haltung

Ins Lot kommen, im Gleichgewicht bleiben. Indem Sie sich zentrieren und aufrichten, erfahren Sie gleichzeitig Kraft und Entspannung und entwickeln Präsenz.

» *Im Lot klingt, was übereinander steht.* «

Ich kenne eine Flamencotänzerin, die mit ihren voluminös weiblichen Körperformen auf den ersten Blick behäbig bis schwerfällig wirkt. Die Vorstellung, sie könne über das Parkett schweben, erschien mir ziemlich absurd … bis ich sie das erste Mal beim Flamencotanz erlebt habe. Mein Gott, hab ich mich getäuscht!

Wenn sie sich erhebt und anfängt zu tanzen, scheint das sonst unbarmherzige Gesetz der Schwerkraft wie aufgehoben. Und das gleich vom ersten Schritt an! Alle schauen fasziniert zu, wie sie das Spiel mit dem Gleichgewicht perfekt beherrscht – wie eine Feder auf hohen Schuhen hält sie alle Körperteile aus der Mitte heraus tanzend in Balance.

Das Spiel mit der Schwerkraft …

Wir möchten Ihnen in diesem Kapitel das Spiel mit der Schwerkraft schmackhaft machen. Das statische »Steinmännchen im Lot« symbolisiert das 3-D-Gleichgewicht in der Dynamik – genau wie ich's am Beispiel der Flamencotänzerin erlebt habe. Sie lernen, wie Sie das aus dem Lot geratene Gleichgewicht im eigenen Körper immer wieder neu herstellen können. Durch Zentrierung und Aufrichtung erleben Sie Kraft und Entspannung im ganzen Körper. Das äußerliche Gleichgewicht ist die Voraussetzung für die innere

Stabilität. Mit vier ausgewählten Übungen kommen Sie Schritt für Schritt ans Ziel. Nehmen Sie sich Zeit. Falls Sie bereits ein älteres Semester sind und mehrere Lenze auf dem etwas steif gewordenen Rücken tragen, seien Sie geduldig mit sich selbst. Es lohnt sich durchzuhalten, steter Tropfen höhlt den Stein, und stetes Training macht aus der Wirbelsäule wieder eine Säule, die wirbeln und tanzen kann. Tragen Sie aktiv dazu bei, dass Ihr Körper lebendig und aufrecht bleibt.

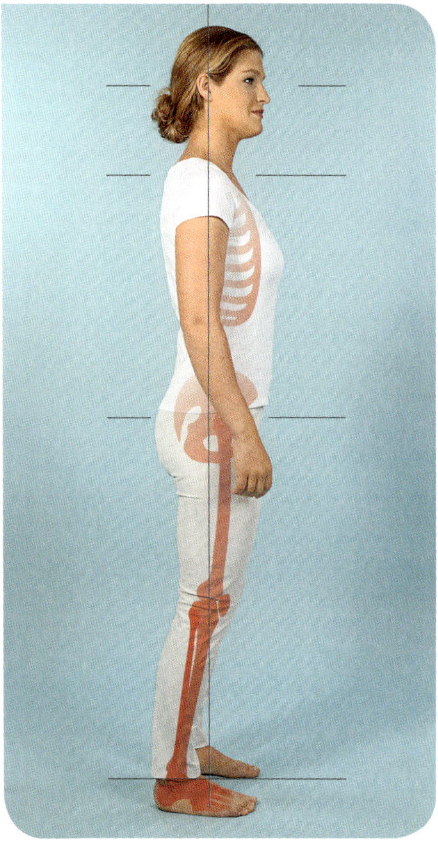

Anatomie: Boden, Mitte & Aufrichtung

Der menschliche Körper ist ein Geniestreich der Natur, die Evolutionsgeschichte hat ihr ganzes Know-how hineingesteckt. Der Körper funktioniert nach definierten Gesetzmäßigkeiten. Für das Singen entscheidend ist die Aufrichtung der Wirbelsäule: Nacken sanft nach hinten-oben verlängern, Kreuz nach hinten-unten sinken lassen. Die S-Form der Wirbelsäule wird so in die Länge gedehnt – eine Wohltat für Rücken und Stimme!

Erster Schritt: Kniescheiben gerade aus nach vorne. Bei gewohnheitsmäßig nach innen schielenden Kniescheiben, bedeutet dies: Kniescheiben nach außen, bis sie wirklich gerade nach vorn ausgerichtet sind. Gleichzeitig beide Großzeh-Grundgelenke am Boden verankern. So kann sich die Spiralkraft der Beine entfalten.

Zweiter Schritt: Die eigene Mitte! Genau wie beim Steinmännchen gilt es, alle Körperteile ins Körperlot einzumitten: Bodenkontakt der Großzehe, Fersen gerade (kein Einknicken), locker-weiche Knie (kein Durchstrecken), aufgerichtetes Becken (kein Hohlkreuz), locker-bewegliche Brustwirbelsäule (kein Rundrücken), langer Nacken (kein Knicknacken), Kopf über

« Körperhaltung: Alle Körperteile schmiegen sich ans Körperlot (rot).

dem Körper (nicht vor dem Oberkörper). Et voilà! Die anatomisch richtige Körperhaltung beim Singen ist charakterisiert durch den Dreiklang von »Fundament, Mitte und Aufrichtung«.

Tipps für eine gute Haltung

Nobody is perfect. Die Selbstorganisation des Körpers im Lot ist denkbar einfach: Scheitel strebt nach oben, Füße wurzeln im Boden, alles dazwischen mittet sich automatisch ins Lot ein. Leider stören eingeschliffene Haltungsmuster und blinde Flecken diese natürliche Körperbalance. Hier ein paar praktische Tipps:

- Kopfhaltung: Oft ist der Kopf viel zu weit vorn. Setzen Sie sich rittlings auf einen Stuhl, mit dem Rücken zur Wand, Nacken bleibt lang. Berührt der Hinterkopf die Wand, ist es perfekt.
- Aufrichtung: Hier gilt es, die Wirbelsäule und den Brustkorb wieder beweglich zu machen. Die Zauberformel lautet: »Streckung plus Rotation« – wie z.B. bei einer Pirouette, beim Golfschwung oder beim Yoga-Drehsitz.
- Die eigene Mitte: Den unteren Rücken nach unten verlängern, dann Beckenboden aktivieren, erst jetzt die tiefe Bauchmuskeln leicht anspannen.
- Standfestigkeit: Satter Bodenkontakt der Fersenaußenkanten und der Großzeh-Grundgelenke.
- Eutonus (Wohlspannung): Bei Muskelverspannungen hilft die Ausrichtung im Lot, um den Halte- und Dauerstress in den Muskeln zu vermeiden.

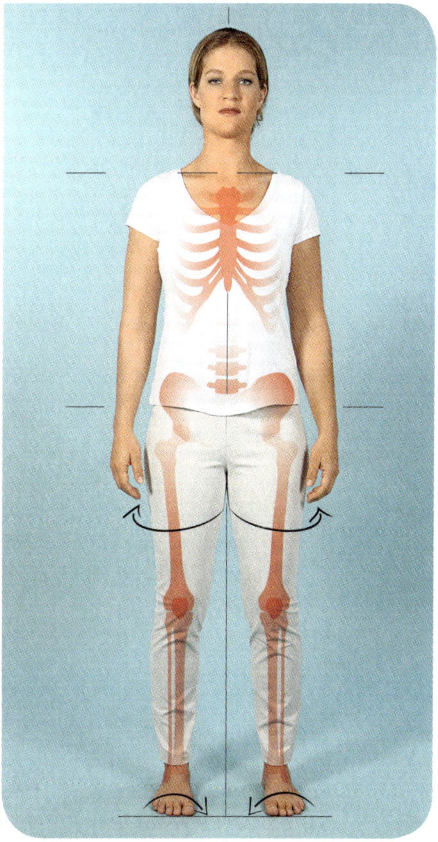

» Von vorn. Nutzen Sie die Spiralkraft der Beine (Pfeile)

Innere Haltung – Wer singt, muss präsent sein

Wer singen will, muss präsent sein. Hier und jetzt! Körperwahrnehmung und Achtsamkeit sind die Schlüssel dazu, Ihre Klänge genussvoll mit der Welt zu teilen. Das gilt auch, wenn Sie für sich selbst singen.

Gehören Sie zu den eher scheuen Menschen? Bewundern Sie andere, die sich etwas wagen? Werden Sie fünf Zentimeter kleiner, wenn Sie an lautes Singen denken? Da Körper und Psyche in ständigem Wechselspiel stehen, hilft der bewusste Aufbau einer guten Körperhaltung, um die ersten Hürden zu meistern.

Hohlkreuz und überstreckte Knie entstehen oft bei Stress und Anspannung.

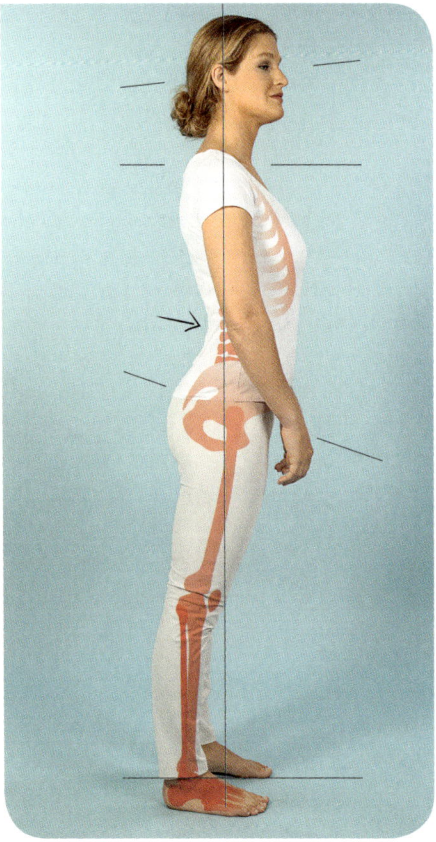

Rundrücken mit Überhang nach hinten und Stauchung des Nackens spiegelt oft Bedrücktheit und Unlust wider.

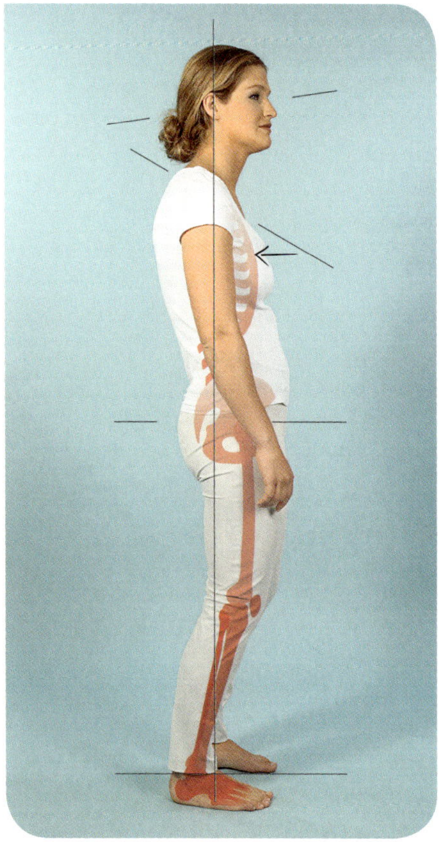

So gewinnen Sie auf natürliche Weise körperliche Stabilität und gleichzeitig innere Sicherheit. Die richtige Körperhaltung ist Voraussetzung für den freien Atemfluss und den stimmlichen Ausdruck. Wer richtig steht, wird gleichzeitig entspannter und dynamischer.

Weiche Knie, Herzschlag bis zum Hals, gehetzter Atem? Hand aufs Herz: Lampenfieber und Nervosität kennen auch die Profis. Erste Hilfe: bewusst ausatmen und Boden unter den Füßen spüren. Schlagen Sie Wurzeln! Gut geerdet und mit dem Körperschwerpunkt im Becken können Sie sich von unten her dynamisch bis zum Scheitel aufrichten. So kommen Sie wieder gut in Kontakt mit sich selbst. Aus diesem Zentrum lassen Sie Ihr Lied in alle Winde erklingen.

Dynamisches Stehen – Ton mit Körper verbinden

Steht Ihr Körper im Lot, öffnet sich das Tor zur Leichtigkeit des Ausdrucks. Die Aufrichtung lässt Sie eine innere Durchgängigkeit von Kopf bis Fuß erleben – für die Atmung, den Ton, für alle Klänge, die Ihrem Körper entspringen. Vom Beckenboden bis zum Mund entsteht gefühlt ein »offenes, durchklingendes, lebendiges Rohr« – vergleichbar einer Orgelpfeife, durch die die Luft tief und ungehindert strömen kann. So ist der Ton ganz mit dem Körper verbunden, klingt aus dem Zentrum heraus.

Stehen sieht einfacher aus, als es in Wirklichkeit ist. Zur Illustration: Der Kopf z.B. wiegt rund fünf Kilogramm! Stellen Sie sich fünf Milchpackungen vor, die starr an Ihrem armen Hals hängen ... Eine Chorprobe kann stundenlanges Stehen bedeuten. Lernen Sie, die starre Haltung mit innerer Aufmerksamkeit und kleinen, feinen Bewegungen zu beleben. Das entlastet Gelenke und Muskeln. Ein konstanter Fluss von Mikrobewegungen von unten nach oben und wieder zurück: Die Knie federn, das Becken schwingt in feinen 8er-Bewegungen, die Wirbelsäule nimmt die Impulse nach oben wirbelnd auf, der Brustkorb atmet, der Kopf balanciert wie der Luftballon auf dem Springbrunnen. Jetzt stehen Sie dynamisch: Der ganze Körper strömt und ruht.

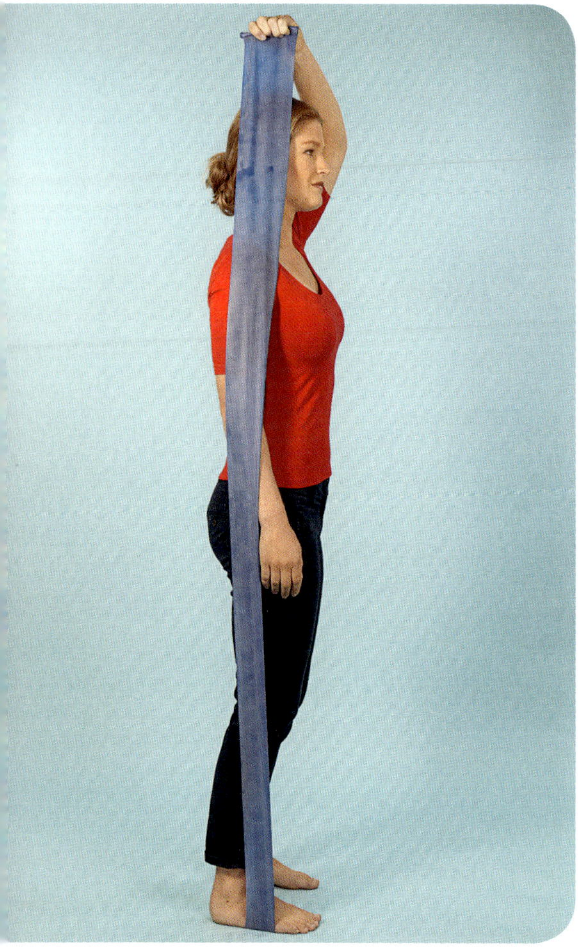

▲ Analysieren Sie im Spiegelbild, ob Füße, Knie, Becken Brustkorb, Kopf im Lot ausgerichtet sind.

kurz & stimmig:

- Füße wurzeln
- Knie federn
- Becken tanzt
- Kopf schwebt

Körper im Lot

Ziel: Optimierung der Körperhaltung.

Start: Stehen Sie auf dem Boden, Füße hüftbreit auseinander.

Aktion:
● Ziehen Sie die Schuhe aus, spüren Sie Ihre Füße und den Boden, belasten Sie beide Füße gleichmäßig. ● Entspannen Sie die Knie. ● Wecken Sie das Becken: Schaukeln Sie es sanft hin und her. Stellen Sie die Beckenbewegungen in Zusammenhang zu den Füßen – gerade so als stünde das Becken direkt auf den Füßen. ● Platzieren Sie nun den wohlig (auf-)gespannten Brustkorb auf das Becken. ● Zuoberst thront der Kopf: Achten Sie beim Ausbalancieren des Kopfes auf einen langen Nacken, der Hinterkopf zieht ein wenig nach hinten-oben. ● Öffnen Sie leicht den Mund, entspannen Sie Lippen, Kiefer und Halsregion.

Dosierung: Praktizieren Sie dies als Blitzübung im Alltag: in der Warteschlange, in der Chorprobe, am Strand oder an der Bushaltestelle.

Aufgepasst! Zu viel des Guten kann die Muskeln verspannen und verkrampfen. Bei ernsthafteren Rücken- und Fußproblemen ist Vorsicht geboten mit langem Stehen. Nehmen Sie einen Fußschemel mit oder fragen Sie nach einem Stuhl.

Brust-Kreuzbein-Gegenzug

Ziel: Sie erleben beim »Tönen« die diagonale Ausdehnung zwischen Kreuzbein und Brustbein.

Start: Legen Sie eine Hand auf das Kreuzbein, die andere auf das Brustbein.

Aktion:
● Machen Sie das Geräusch **brrrrrrr**, lassen Sie dabei Ihre Lippen flattern. ● Stellen Sie einen Kontakt her zwischen der Hand auf dem Brustbein und der Hand auf dem Kreuzbein. ● Während des Tons bewegen Sie das Brustbein nach vorn-oben und das Kreuzbein nach hinten-unten. ● Probieren Sie, einen leichten, aber konstanten Zug diagonal durch den ganzen Rumpf hindurch zu spüren.

Dosierung: 10–20-mal hintereinander, bis die Diagonalbewegung während der Tongebung automatisiert ist.

Aufgepasst! Die Körper-Längsspannung zwischen Scheitel und Kreuz darf nicht verlorengehen: Nacken bleibt lang, unterer Rücken verlängert nach unten, Brustbein darf nicht absinken.

Variante: Sie können die Übung auch mit ruhigem Gehen an Ort und Stelle kombinieren.

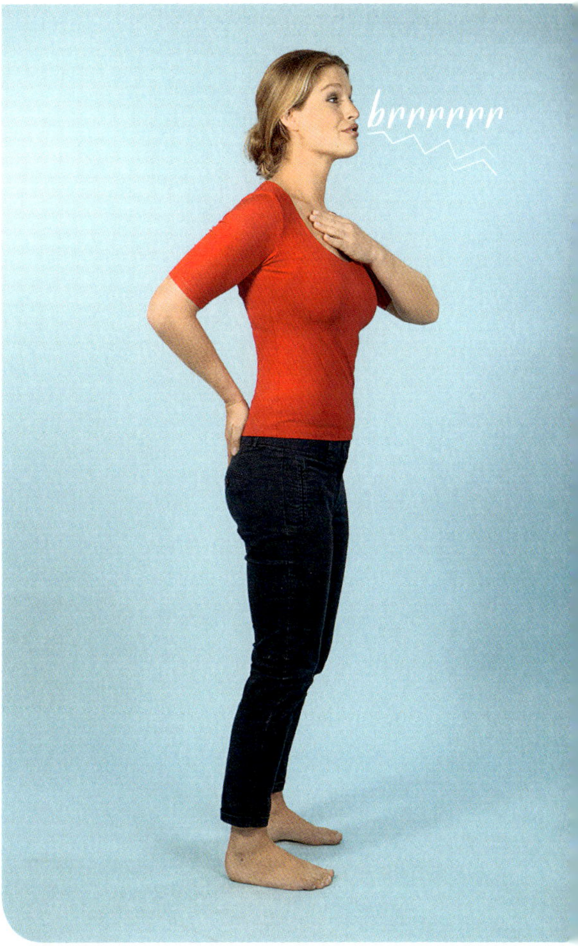

Während Sie tönen, bewegen Sie das Brustbein nach vorn-oben und das Kreuzbein nach hinten-unten.

kurz & stimmig:
- Brustbein zum Himmel
- Kreuzbein zum Boden
- Wirbelsäule federt
- Neue Achse spürbar

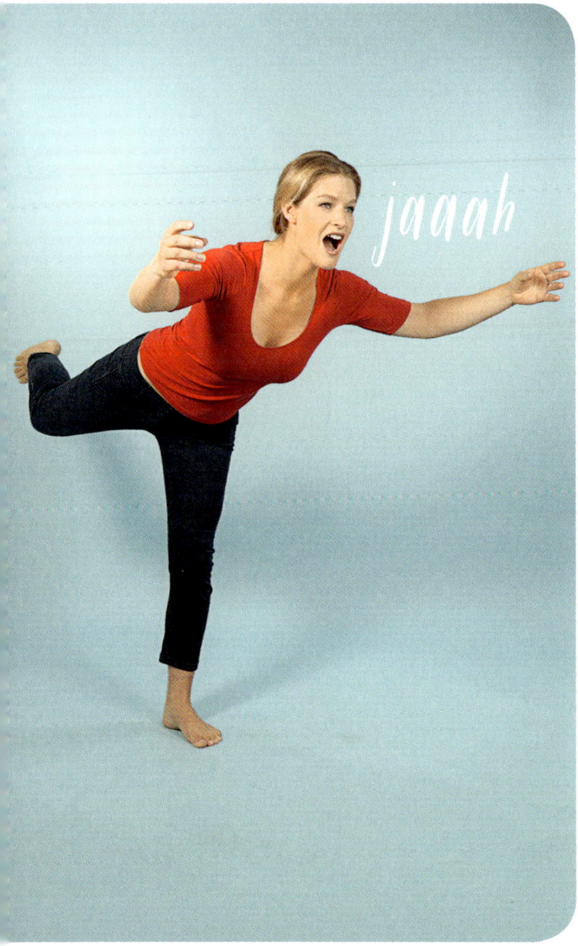

Erleben Sie dynamische Spannkraft, während Sie auf einem Bein balancieren.

kurz & stimmig:

- Schütteln und rütteln
- Alltag fällt ab
- Muskeln gelöst
- Stimme erwacht

Schwalbe

Ziel: Erst den Körper lockern, dann gezielt die Körperspannkraft aktivieren.

Start: Stehen Sie bequem aufrecht. Lockern Sie angestaute Verspannungen, schütteln Sie Nervosität ab, indem Sie mit den Armen und Schultern schwingen, mit der Hüfte kreisen und Unterschenkel und Füße ausschütteln.

Aktion:
● Stellen Sie sich auf ein Bein: der ganze Fuß mit sattem Bodenkontakt. Verlagern Sie den Körper nach vorn, hinten und auf die Seite, bis Sie sanft in alle Richtungen zu tanzen beginnen. Imitieren Sie den Flug der Schwalbe. ● Der Körper aktiviert auf diese Weise seine ganze Muskulatur und stellt in jedem Augenblick das Gleichgewicht wieder her ● Machen Sie – sanft auf dem Vorfußballen balancierend – lange Töne auf **jaaaaah** in bequemer Tonhöhe. Spüren Sie dabei die Kraft in Ihrer Stimme.

Dosierung: 2–3 Minuten vor dem Singen.

Aufgepasst! Achten Sie auf Ihre Standsicherheit und fließende Bewegungen.

Variation: Singen Sie eine beliebige Melodie, auf dem ganzen Fuß oder dem Vorfußballen balancierend.

Königlich aufgerichtet

Ziel: Aufrichtung nach dem »Spiralprinzip« von der Sohle bis zum Scheitel.

Start: Stehen Sie aufrecht, Füße parallel und hüftbreit.

Aktion:
● Drehen Sie beide Knie ganz leicht nach außen, ohne die Füße am Boden zu bewegen. Die Kniescheiben »schauen« dabei gerade nach vorn, beide Großzeh-Grundgelenke bleiben satt am Boden. ● Idealerweise pflanzt sich der Außendrehimpuls vom Knie über die Hüftgelenke bis in die Tiefe des Beckens fort; spüren Sie die Aktivität von Beckenboden und tiefer Hüftmuskulatur. ● Drehen Sie Ihre Wirbelsäule im Wechselrhythmus leicht nach rechts und links … und erleben Sie dabei die aufrichtende Kraft der alternierenden Links-rechts-Spiralbewegung durch den ganzen Rumpf: Das Becken wird zur Mitte, der Nacken lang, die Augen blicken geradeaus – Sie stehen königlich im Hier und Jetzt.

Dosierung:
● Einmal richtig gelernt, reichen fünf Sekunden für die »innerliche und äußerliche« königliche Aufrichtung.

Aufgepasst! Präsenz? Ja! Verspannung? Nein! Die Kniescheiben sollen weder nach innen noch nach außen »schielen«.

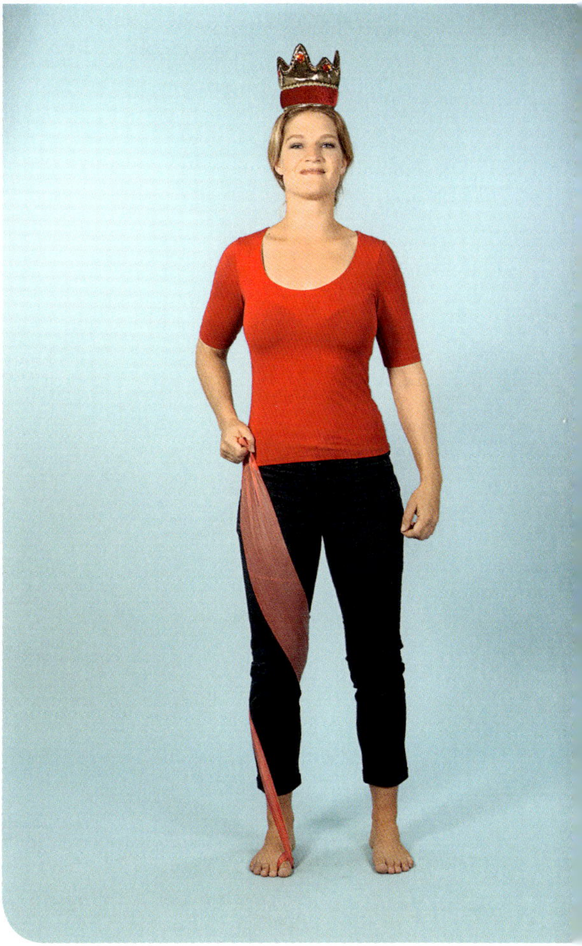

Königliche Aufrichtung dank Spiralkraft der Beine und Länge der Wirbelsäule.

kurz & stimmig:
- Füße verankert
- Kopf thront
- Blick klar
- Königlich

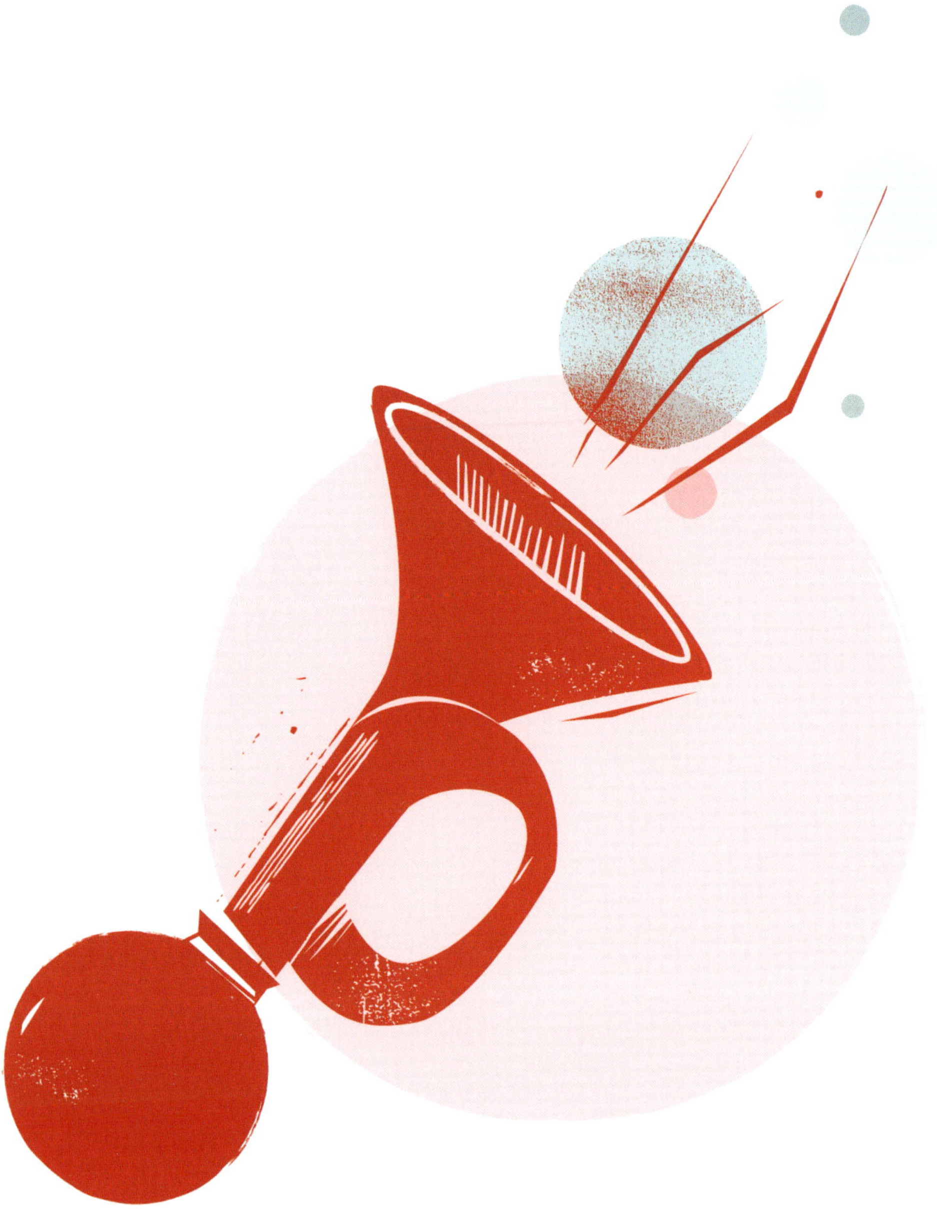

Atmung

Lernen Sie, »abzuspannen«: Das Zwerchfell federt, der Brustkorb weitet sich und schon haben Sie eingeatmet – geräuschlos und ganz ohne Anstrengung.

» *Das Leben beginnt mit dem Einatmen und endet mit dem Ausatmen.* «

Was ich in diesem Konzert erlebt habe, gibt es nicht so oft: Vierzig Sängerinnen und Sänger singen die Phrase zu Ende und dann: Stille! Sie singen weiter, halten lange Töne, es kommt der Moment des Einatmens – und wieder: Stille! Da war kein Geräusch zu hören, es wirkte, als würden sie nie Luft holen. Sehen konnte ich entspannte Gesichter, offene Münder und hohe Präsenz. Es war ein herrliches Erlebnis!

Im Gegensatz dazu höre ich vom Sprecher des Lokalradios so viele Atemgeräusche, dass es in den Ohren weh tut. An unpassender Stelle schnappt er nach Luft, völlig wild und gehetzt. Ich mache das Radio aus – weil es mich nervt!

Atem ist Leben ...

Das Atmen ist von der Natur her genial eingerichtet: geräuschlos und schnell. Sie können sich dies wieder aneignen. Als Sie ganz klein waren, haben Sie es perfekt beherrscht. Beobachten Sie kleine Babys beim Schreien: Ein langer lauter Ton, der winzige Körper zieht sich zusammen, dann eine kurze Entspannung – und schon ist die Luft wieder drin!

Wir zeigen Ihnen am Beispiel der »Handhupe mit Gummibirne«, wie die Atmung beim Singen funktioniert. Ein Druck auf die Gummibirne ... und es entsteht ein langer Ton. Sobald losgelassen, füllt sich die Gummibirne schnell wieder auf mit Luft. Fazit: Das Einatmen beim Singen ist möglichst kurz. Lernen Sie die richtige Funktion des Zwerchfells, die hohe Kunst des Abspannens – und Ihr Atem strömt von alleine schnell und geräuschlos ein. Das Ausatmen hingegen wird beim Singen verlängert: Für einen langen kräftigen Ton zügeln Sie die Kraft, lassen Sie die Luft nur langsam entweichen.

Das Einatmen erfolgt reflexartig.

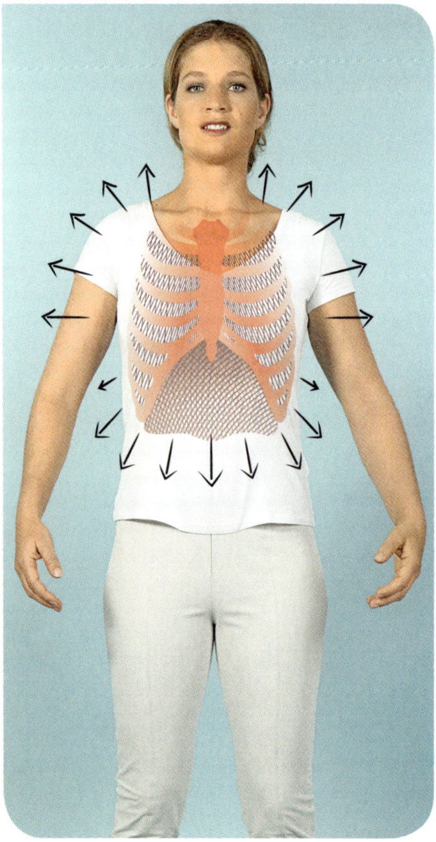

Anatomie: »Abspannen« bedeutet reflexartiges Einatmen

Einatmen … ausatmen. Der lebendige Atem kommt von selbst. Dies gilt es beim Singen zu nutzen – wie die frische Brise beim Segeln.

Ausatmen – bewusste Weite wirkt dem Sich-Zusammenziehen der Lungen entgegen.

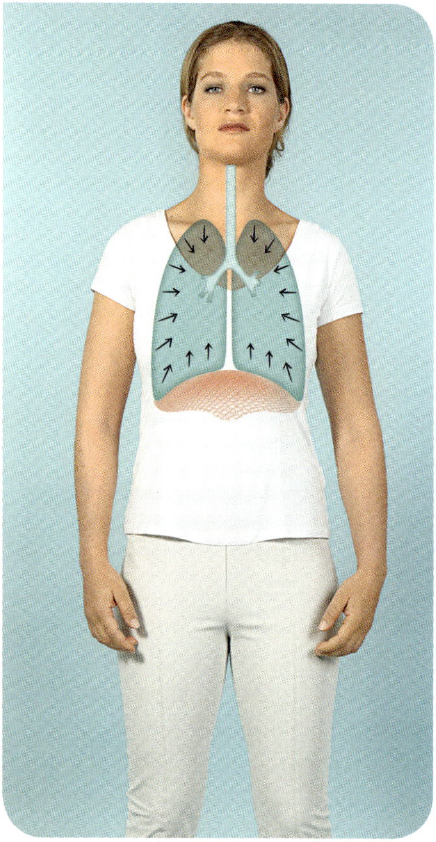

Einatmung: Das Zwerchfell – eine mehrere Millimeter dicke, kuppelförmige Muskelplatte zwischen Brust- und Bauchhöhle – kontrahiert und senkt sich ab. Eine Vielzahl von Hals-, Brust-, Zwischenrippen- und Bauchmuskeln stellt den Brustraum weit. Die Lunge folgt dieser Weitstellung, so entsteht Unterdruck in der Lunge und lässt die Einatmungsluft schnell und geräuschlos einströmen. Dies ist ein reflexartiger Vorgang, das »Abspannen« – analog der Gummibirne, die sich rasch und »von alleine« wieder füllt. Oft wird dabei der Beckenboden mit aktiviert, das ist normal.

Ausatmung: Bei der Ruheatmung bewirkt die Eigenelastizität des Lungengewebes ein Ausströmen der Atemluft. Anders beim Schreien: Hier sorgt das Anspannen der Bauchmuskeln für Überdruck in Bauch- und Brustraum, analog einem Zusammendrücken der Hup-Gummibirne. Nochmal anders beim Singen: Hier wird die Weitstellung des Brustkorbs – seine »Einatmungstendenz« – aktiv beibehalten, um den Luftstrom beim Ausatmen gezielt dosieren und modulieren zu können, siehe auch Stütze (Seite 45).

Atem und Psyche – das alte Bündnis

Im Atem spiegeln sich die unmittelbaren Polaritäten des Lebens: das Ein und Aus, das Nehmen und Geben, das Tun und Lassen. Der Gesang fördert das spontane, rasche, leichte Einatmen und erfordert ein gezügeltes Ausatmen.

Oft haben sich ungünstige Atemmuster eingeprägt, die über emotionale Zustände hervorgerufen und verfestigt wurden: Wenn Sie z. B. vor Nervosität nach Luft schnappen, vor lauter Alltagsstress nicht mehr zum Durchatmen kommen oder wenn es Ihnen buchstäblich den Atem verschlägt. Nicht selten versteckt sich hinter dem Gefühl von »zu wenig Luft« ein » Zuviel an Luft«. Die Luft wird in der Lunge zurückbehalten, es entsteht eine Überfülle. Das freie Ein- und Ausströmen des Atems ist erschwert, es entsteht Lufthunger durch Fülle. Dann heißt es erst einmal entspannen und ausatmen!

Atem ist mehr als nur ein physiologischer Vorgang. Als seelischer Ausdruck ist er die Brücke zwischen Körper, Geist und Seele. Das Seelenhafte finden wir in vielen alten Weisheitslehren, in Wörtern wie Pneuma, Odem, Ruach, Atman, Spiritus – die alle neben »Atem« auch »Geist« oder »Seele« bedeuten. Im Gesang wird der Atem auf kunstvolle Weise beseelt und vergeistigt. Verwandelt als Klang und Lied wird er an die Welt verschenkt.

Singen ist Hochleistung – aber kein Sport

Ein maximal tiefer Atemzug bedeutet um die 5 Liter Luft. Während der Ruheatmung werden pro Atemzug 0,5 Liter Luft benötigt – zehnmal weniger. In Ruhe werden je Minute 12-mal 0,5 Liter Luft umgesetzt, was einem Atem-Minutenvolumen von 6 Litern entspricht. Das Herz pumpt Sauerstoff einmal pro Sekunde in den Kreislauf, 60 Pulsschläge pro Minute.

Beim **Joggen** steigt das Atem-Minutenvolumen auf 36 Liter (25 × 1,5 Liter), da die Muskeln im Akkord schuften und mehr Sauerstoff verbrauchen. Auch der Puls steigt von 60 auf 140 Schläge pro Minute.

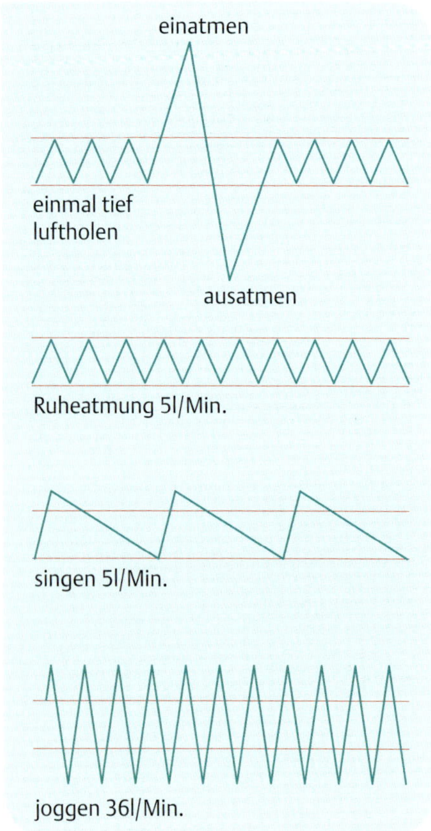

Joggen bedeutet »Schwerarbeit für Lunge und Herz«.

Und beim **Singen**? Richtig! Lunge und Herz werden nicht hochgefahren, da die Muskulatur lediglich stützen, aber nicht schuften muss. Das Atem-Minutenvolumen bleibt beim Sprechen und Singen annähernd im Bereich der Ruheatmung. Lediglich das Verhältnis von Einatmung und Ausatmung verschiebt sich von 1 : 1 zu 1 : 8. Wer beim Singen atmet, als ob er joggen würde, handelt sich unweigerlich eine luftdurchzogene Stimme und Lufthunger ein. Fazit: Zum Singen braucht es erstaunlich wenig Luft.

Abspannen – Luft holen durch Loslassen

Beim Singen entweicht langsam Luft. Nach einer Weile braucht Ihr Körper neue Luft. Jetzt kommt das Paradoxe: Beim Luftholen steht das »Loslassen« im Vordergrund, nicht das »aktiv etwas tun« ... Und so funktioniert es: Sie lassen die Spannung los, damit das entstandene Vakuum sich auf ein Neues mit Luft füllt. Sie »spannen ab«.

Lassen Sie sich Zeit, um den Vorgang des Abspannens zu erforschen. Beobachten Sie die folgenden Körperteile, die am Abspannen beteiligt sind: Befühlen Sie mit

« Das unterschiedliche Atemvolumen in Ruhe, beim Singen und beim Joggen.

Ihren Händen, was der Kiefer, die Zunge, der Kehlkopf, das Zwerchfell, die Bauchmuskeln und der Beckenboden machen, wenn die Luft nach einer Gesangsphrase in den Körper strömt. Wiederholen Sie diesen Bewegungsablauf, bis er fließend geht. Am besten nur mit Silben, einzelnen kurzen Wörtern oder mit einfachen Gesangsübungen. Je öfter Sie darangehen, desto fließender beherrschen Sie das sekundenschnelle Abspannen.

Etwas von alleine geschehen lassen, erträgt keinerlei Druck und kann unter Stress nicht gelernt werden! Auch hier gilt: Übung macht den Meister. Beobachten Sie sich selbst ohne Wertung, auch in der Chorprobe, wo die Zeit meistens fehlt, die für das Erlernen des Abspannens notwendig ist. Mit der Zeit wird es Ihnen immer häufiger spontan und mühelos gelingen. Irgendwann machen Sie es immer so – weil das »aktive Luftholen« viel zu anstrengend ist.

Tipp: Das große V̩ ist im Gesang das Zeichen für Abspannen. Man schreibt es übergroß und mit Bleistift in die Noten hinein, um zu wissen, wo die Atmung hingehört. Wie Abspannen funktioniert, zeigen wir Ihnen in »Anatomie/Physiologie: Abspannen bedeutet reflexartiges Einatmen» (Seite 26) und der Übung »Hopp – Abspannen« (Seite 31).

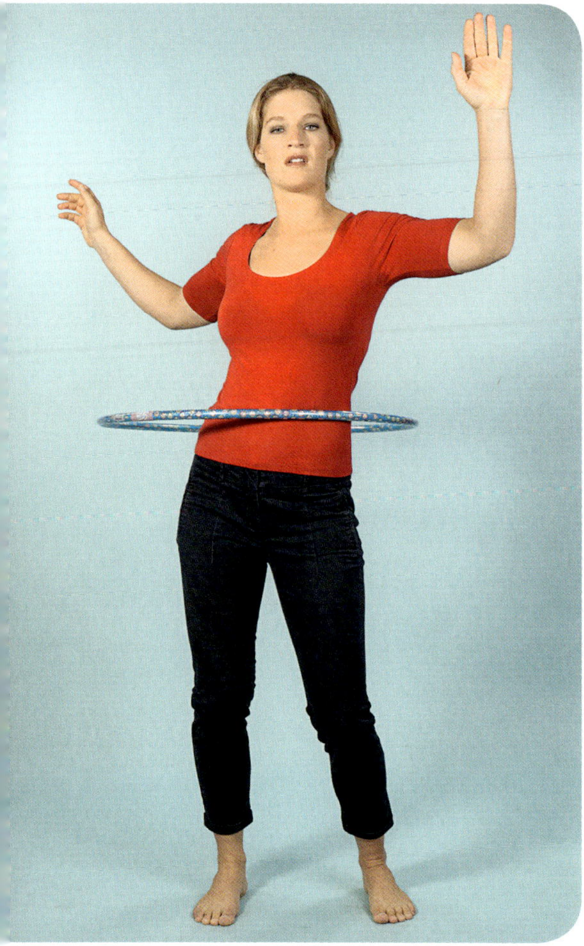

▲ Lustvoll kreisen mit Hula-Reifen! Oder ohne: Die Hände in die Taille stützen und Becken kreisen.

kurz & stimmig:
- Hüften schwingen
- Rückwärts schwimmen
- Brustkorb weit
- Ich darf gähnen!

Hula

Ziel: Wecken der gesamten Atemmuskulatur.

Start: Stehen Sie mit den Füßen etwas breitbeiniger als gewohnt. Wenn Sie einen Hula-Reifen zur Hand haben, kreisen Sie, solange es Spaß macht.

Aktion:
● Stützen Sie die Hände in die Taille und machen Sie immer weiter werdende Hula-Hula-Hüftkreise, nach links und rechts. Beobachten Sie, wie dies den Atem beeinflusst und sich neue Atemräume im Brustkorb erschließen. Zwerchfell und Beckenboden schwingen gegenläufig und werden dabei dreidimensional durchbewegt. Machen Sie ein langes **Uuuuh.** ● Legen Sie die Fingerspitzen beider Hände auf das Brustbein, die Ellenbogen seitwärts nach außen. Behalten Sie die Schultern entspannt unten und rudern Sie rückwärts, ähnlich wie beim Rückenschwimmen. Rechte Seite, dann linke Seite im Wechselrhythmus. Spüren Sie, wie sich der obere Brustraum dabei wohlig weitet. Laden Sie ein Gähnen ein.

Dosierung: 1–2 Minuten.

Aufgepasst! Den Atem frei fließen lassen.

»Hopp« – Abspannen

Ziel: Das Zwerchfell lockern und das »Abspannen« üben.

Start: Stehen Sie locker und wach aufrecht, mit Tennisball in der Hand.

Aktion: Hinweis: Das Zeichen V̦ bedeutet »Abspannen«, siehe auch »Atmung« (Seite 25) und die folgenden Übungen.

• Prellen Sie den Tennisball wiederholt kräftig zu Boden – oder imitieren Sie es mit einem imaginären Ball. • Machen Sie dabei jeweils kräftig **Hopp!** V̦ **Hopp!** V̦ **Hopp!** V̦ … wobei das **o** rund geformt und das **pp!** deutlich und knackig gesprochen wird. • Beobachten Sie, wie zwischen zwei **Hopp!** die Einatmung von selbst geschieht. Genau richtig ist es, wenn Sie bei zwanzig Wiederholungen nie nach Luft schnappen müssen. Nach jedem **Hopp!** strömt die Luft spontan und ohne Anstrengung ein. Dieser Vorgang wird als »Abspannen« bezeichnet. • Nun ohne Ball: Prüfen Sie mit Ihren Händen die trampolinartige Bewegung des Zwerchfells und die der Hüfte, vorn im Oberbauch und seitlich an den Flanken.

Dosierung: 15–20-mal.

Aufgepasst! Oberkörper nicht einfallen lassen. Der Versuchung widerstehen, das Einatmen aktiv kontrollieren zu wollen.

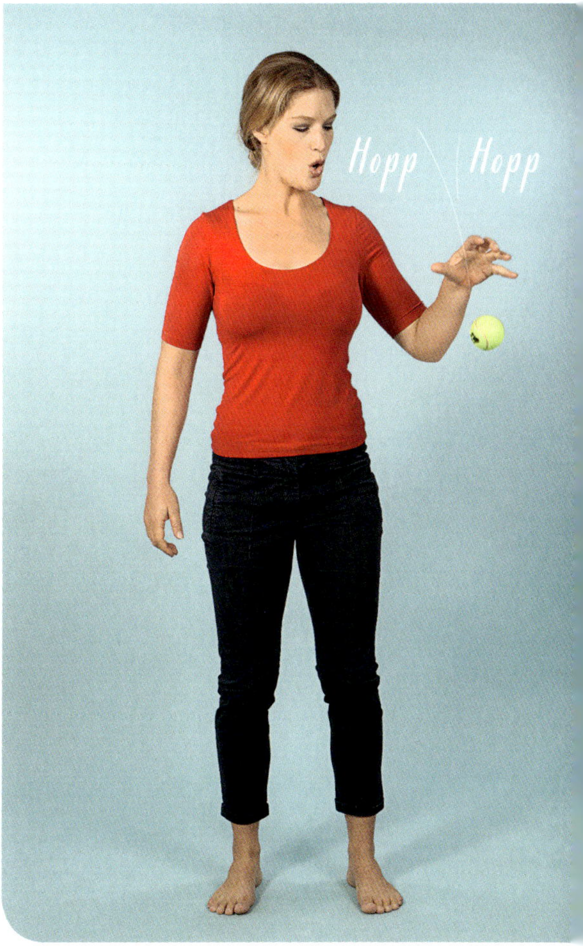

Abspannen: Die neue Luft strömt nach jedem **»Hopp!«** spontan und ohne Anstrengung in die Lunge ein.

kurz & stimmig:
- Luft »ploppt«
- Zwerchfell tanzt
- Flanke spickt
- Es atmet von allein!

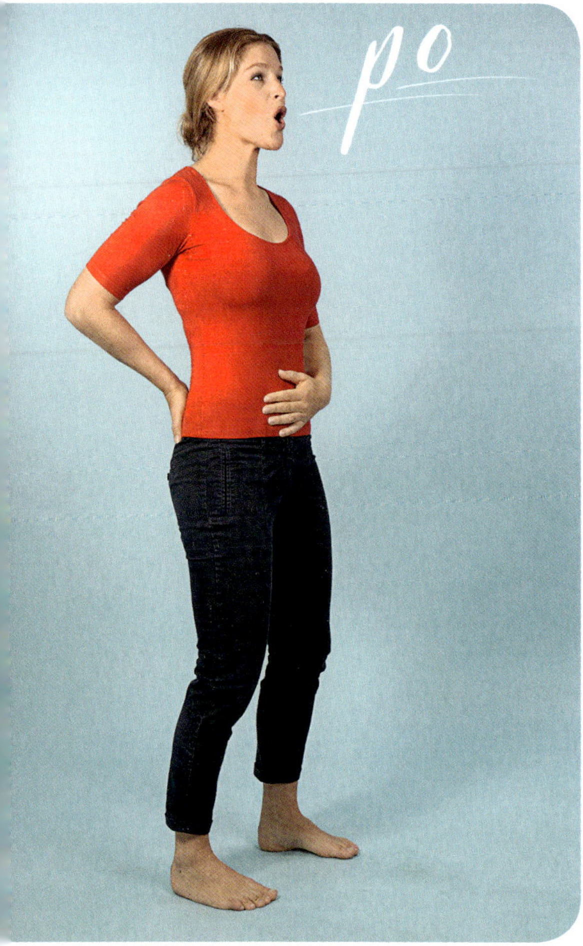

^ Drücken Sie während des »Po!«-Rufens von hinten auf Ihren Rücken und von vorn auf Ihren Bauch.

kurz & stimmig:
- Bauch lässt los
- Zwerchfell schnellt
- Luft schon drin
- Der Ton beginnt

Hupe – »Po!«

Ziel: Abspannen statt Luft holen.

Start: Stehen Sie aufrecht – mit entspanntem Bauch und leicht geöffnetem Mund.

Aktion:
• »Packen« Sie Ihren Bauch, als wäre er die Gummibirne einer Handhupe: Eine Hand liegt unter dem Bauchnabel, die andere am Kreuzbein. • Formen Sie einen runden Mund und rufen laut die Silbe **po!** V. • Helfen Sie während des **po!** V etwas nach, indem Sie von hinten auf Ihren Rücken und von vorn auf Ihren Bauch drücken. • Gleich danach spüren Sie, wie der Bauch wieder loslässt und die Luft spontan hineinströmt.

Aufgepasst! Es braucht etwas Übung, bis Sie Ihren Bauch beim »Abspannen« wirklich loslassen können.

Dosierung: Jeden Tag – lebenslänglich.

Varianten: Sie zählen bis 10 und spannen nach jeder Zahl wieder ab: **Eins** V, **zwei** V, **drei** V ... Dasselbe gilt für einfache Lieder: **Alle meine Entchen** V **schwimmen auf dem See** V ...

Blasebalg

Ziel: Aktivierung der Atemmuskulatur für kräftige Töne.

Start: Stehen Sie hüftbreit, mit federnden Knien. Legen Sie beide Hände auf den Unterbauch.

Aktion:

● Machen Sie ein langes **Schhhhhh**. Pressen Sie die Luft kräftig zwischen den Zähnen heraus. Spüren Sie dabei unter Ihren Händen die Aktivität der Bauchdecke. Und gleich danach, wie die aktiven Muskeln nach dem Ton wieder loslassen! Der Bauch wölbt sich vor, die Flanken weiten sich, der Atem strömt von alleine spontan wieder ein. ● Hängen Sie nun die Vokale U, O, A an den Zischlaut und singen Sie auf einem mitteltiefen Ton: **schhuuuu V̩, schhoooo V̩, schhaaaa V̩**. Beachten Sie, wie Ihre Stimme an Kraft gewinnt und Sie mit Leichtigkeit zu neuer Luft kommen.

Dosierung: Vor dem Singen 3–4-mal. Wenn die Stimme brüchig wird.

Aufgepasst! Entspannen Sie die beim **Schhhh** aktivierten Muskeln »spontan« – fast beiläufig, keinesfalls aktiv kontrolliert oder gewollt. Bleiben Sie locker in den Knien und optimal aufgerichtet.

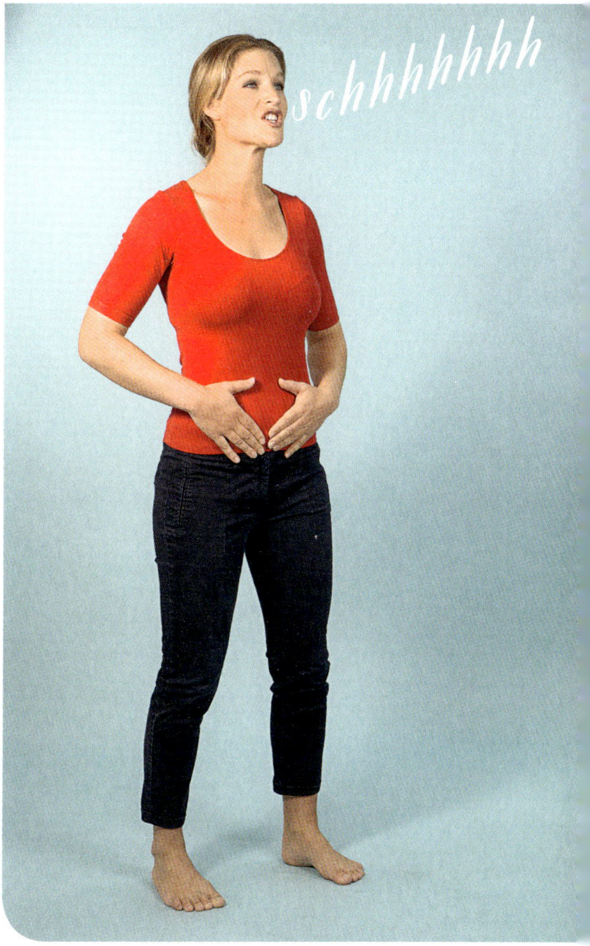

Pressen Sie die Luft zwischen den Zähnen heraus. Spüren Sie auf die Aktivität der Bauchdecke.

kurz & stimmig:

- Blasebalg aktiv
- Geschenkte Luft
- Immer wieder
- Der Ton fliegt weit!

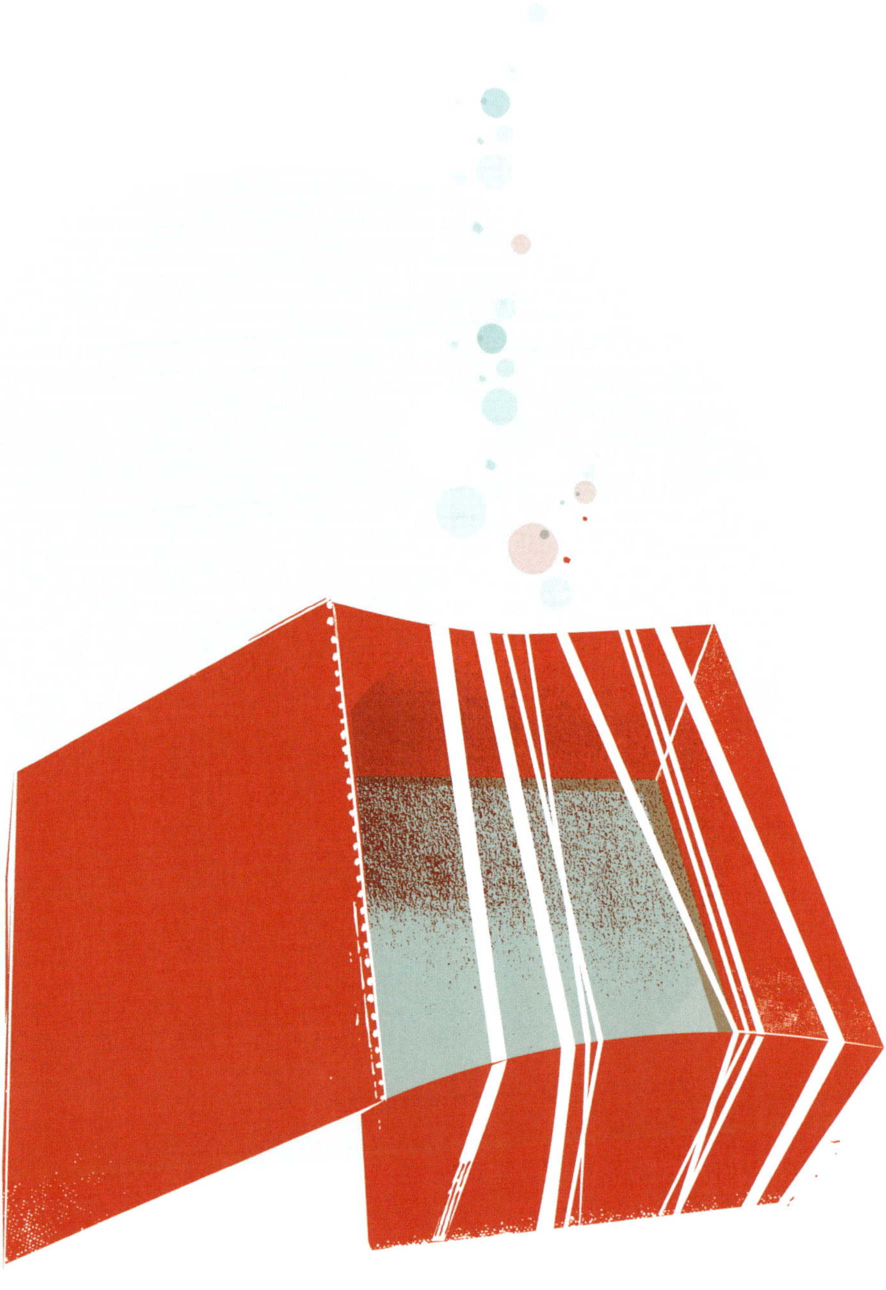

Stimme

Erfahren Sie, wie Ihre »Stimme« entsteht, wie sie sich in Rachen, Nase und Mundhöhle ausbreitet. Das braucht Ihren ganzen Einsatz.

» *Kehlkopf und Stimmbänder sind nur der Anfang.* «

Ich kann mich noch gut an die kleine Schachtel erinnern, die ich als Kind mit farbigen, verschieden dicken Haushaltgummis bespannte. Stolz brachte ich meiner Mutter ein musikalisches Ständchen zum Geburtstag.

Mit der Energie der Finger werden die Gummis in Schwingung versetzt. Die »gespannten Saiten eines Instruments« alleine erzeugen jedoch noch keinen Ton. Die Schachtel wirkt als Verstärker – erst jetzt entsteht Klang! Dieses Prinzip gilt für meine Schachtel, für jedes Saiteninstrument, für jede Orgelpfeife und für die menschliche Stimme. Ein paar Stimmbänder alleine genügen nicht, um Sprechen und Singen zu können: Der Atem liefert die nötige Energie, um die Stimmbänder in Schwingung zu versetzen, die Resonanzräume bringen die Stimme zum Klingen.

Stimme – das Wunderwerk der Natur

Der Kehlkopf und die Stimmbänder sind ein Wunderwerk der Natur. Je nach Herkunft unterscheiden sich die Größen des Kehlkopfes und damit die Längen der Stimmbänder: Asiaten haben andere Kehlkopfgrößen als Afrikaner, dadurch klingen die Stimmen anders. Frauen haben einen zierlicheren Kehlkopf als Männer, mit kürzeren Stimmbändern, die höher klingen. Die Männerstimmen klingen tiefer, bedingt durch den größeren Kehlkopf mit längeren und dickeren Stimmbändern. Je nachdem, welcher Teil und wie viel Masse des Stimmbandes in Schwingung kommen, verändern sich Tonqualität und Tonhöhe. Ähnlich, wie bei den verschiedenen Gummis auf dem Schachtelinstrument.

Wir zeigen Ihnen, wie Sie Kehlkopf und Stimmbänder optimal aufwärmen und vorbereiten, wie Stimmbänder, Atemluftstrom und Resonanzräume zusammenspielen.

Anatomie: »Stimme« entsteht erst danach ...

Töne entstehen durch die Vibration von zwei Stimmbändern – auch Stimmlippen genannt. Sie verlaufen im Kehlkopf von vorn nach hinten und bestehen aus straffem Bindegewebe und Muskel. Daher kann die Stimme ermüden. Zwischen den Stimmbändern liegt die Stimmritze. Beim Atmen ist sie weit offen; beim Sprechen und Singen sorgen kleine Stellmuskeln für eine Verengung der Stimmritze. Durch den Luftstrom der Ausatmung werden die Stimmbänder in Schwingung versetzt – ähnlich einem Grashalm, den Sie zwischen den Daumenballen durch Blasen zum Vibrieren und Tönen bringen.

Stimme: Die Stimmbänder generieren Schallwellen, nackte Töne sozusagen. »Stimme« beginnt danach, mit der Ausbreitung und Modulierung der Schallwellen in Rachen, Nase und Mundhöhle, mit der Entstehung von Ober- und Untertönen im Schädel und im Brustkorb. Körperhaltung, Muskelspannung, Resonanzfähigkeit, Atmung, Artikulation – alles spielt mit hinein! So wie der treffsichere »Pfeil« eine präzise Ausrichtung von Pfeil, Bogen und Schütze bedingt, ist die »Stimme« das Produkt eines hochdifferenzierten Ganzkörpereinsatzes – und nicht die mechanische Folge vibrierender Stimmbänder.

Hoher Luftdruck führt zum Pressen der Stimmbänder

Neben den echten Stimmbändern gibt es noch die falschen Stimmbänder – die sogenannten Taschenfalten. Sie liegen direkt oberhalb der echten Stimmbänder, dienen jedoch nicht der Stimmbildung. Sie bestehen ebenfalls aus straffem Bindegewebe und schließen sich beim Schlucken, um sicherzustellen, dass keine Nahrungsbrocken versehentlich in die Luftröhre gelangen.

❶ Echte und falsche Stimmbänder.
❷ Atmung mit offener Stimmritze, von oben.
❸ Beim Singen ist die Stimmritze eng, von oben.
❹ Je nach Tonhöhe werden die Stimmbänder zusätzlich gespannt, von oben.

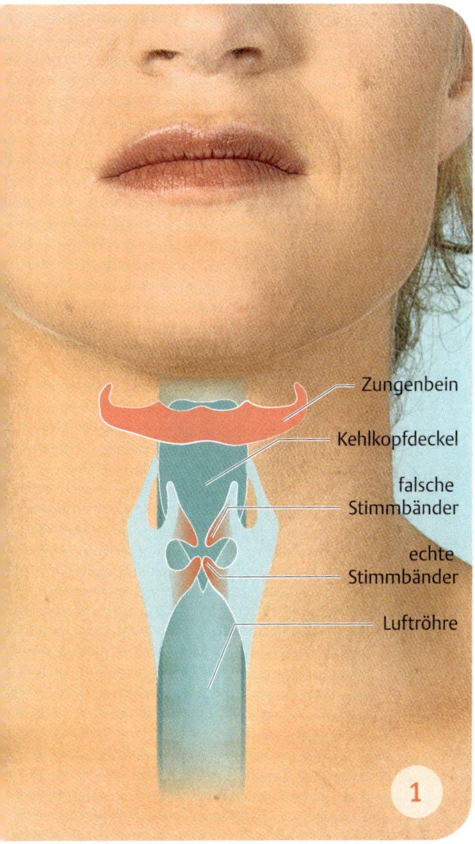
Zungenbein
Kehlkopfdeckel
falsche Stimmbänder
echte Stimmbänder
Luftröhre
1

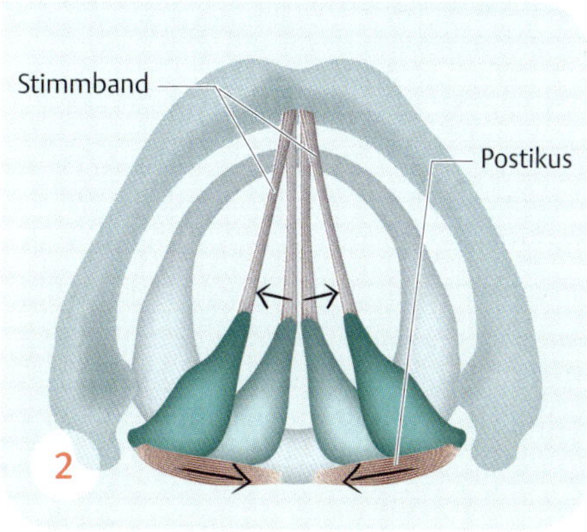
Stimmband
Postikus
2

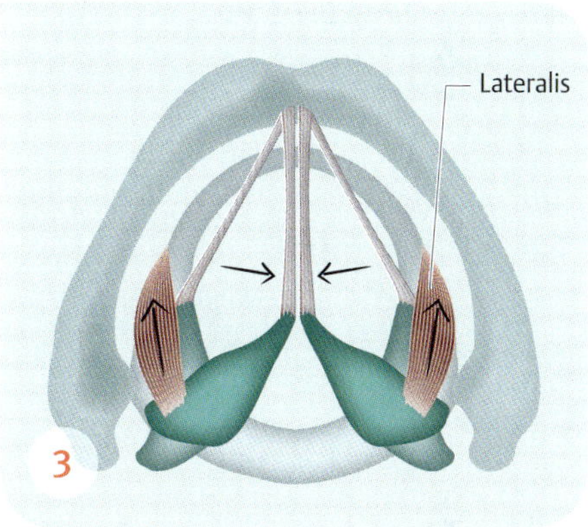
Lateralis
3

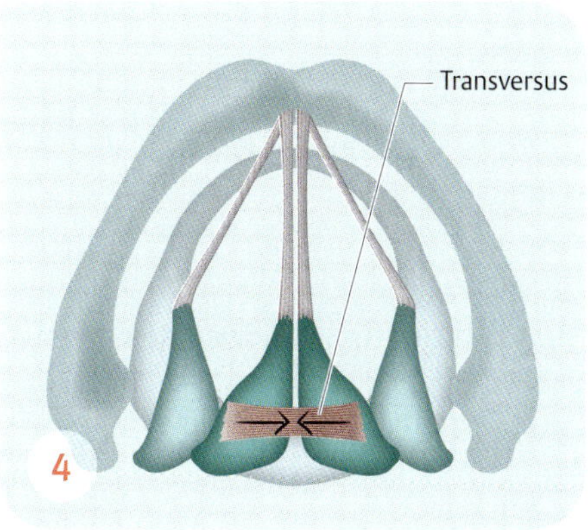
Transversus
4

Eine große Gefahr beim Singen besteht darin, eine vermeintliche Leistungsschwäche der Stimme durch »Pressen« kompensieren zu wollen. Beim »Pressen« wird unterhalb der Stimmbänder zu viel Luftdruck aufgebaut. Die echten Stimmbänder, und oftmals auch die falschen, müssen dann übermäßig stark aneinandergepresst werden. Durch den hohen Luftdruck kommt es wiederholt zu »Sprengungen des Pressverschlusses«, was mit knallartigen Geräuschen einhergeht und unweigerlich zu starken Belastungen der empfindlichen Schleimhaut an den Stimmbandrändern führt. Mit der Zeit werden diese verdickt. Die Endstation heißt Sängerknötchen – ein häufiges Problem beim Singen. In extremen Fällen kommt es zu Schleimhautblutungen und Polypen.

Fazit: Vermeiden Sie jede Form des »Pressens«. Trainieren Sie den weichen Stimmeinsatz, der durch die richtige Atemstütze gefördert wird.

Auch Sie haben eine Stimme!

Was trifft beim Gedanken ans Singen eher auf Sie zu? Haben Sie Gold in der Stimme? Oder eher einen Kloß im Hals? Hat Ihnen in der Kindheit oder in der Jugend jemand nahegelegt, am besten »nur die Pausen zu singen …«? Solche Bemerkungen sind schleichendes Gift für das Selbstvertrauen, können zutiefst kränkend und entmutigend wirken.

Der Volksmund weiß: »Wer gehen kann, kann tanzen. Wer sprechen kann, kann singen!« Wenn nicht gerade Arien, Rock und Musicals singen, so zumindest doch mit Freude klingen. Kurzum: Wenn Sie klingen können, können Sie auch lernen zu singen.

Es gibt Menschen, die singen genussvoll z. B. unter der Dusche oder mit Musik lauthals im Auto. Sie singen aus dem Herzen heraus und genießen das lebendige Gefühl. Wunderbar! Es gibt andere Menschen, denen es schwerfällt, die richtigen Töne zu treffen. Melodien nachzusingen wird zu einer echten Herausforderung. Ein gezieltes Hörtraining und das Singen in Gruppen sorgen hier für Abhilfe.

Noch etwas: Keine Angst vor Musiknoten! Es gibt inzwischen viele Chöre und Chorleiter, die ohne Noten arbeiten. So können auch »unmusikalische« Schüler ihre Stimme live erleben und stressfrei entfalten. Das »Stimmrecht« ist angeboren.

Sitz der Stimme – kleiner Kehlkopf, große Wirkung!

Die Stimme sitzt sozusagen überall im Körper, auch dort, wo Sie sie nicht erwarten. Kraftvolle und tragende Töne erfordern Kraft in den Beinen, Präsenz im Unterleib, Spannweite im Brustkorb. Die »zupackende Lebendigkeit der Gesichtsmuskulatur« ist besonders wichtig für

Klangfärbung. Dort, wo die Stimme tatsächlich »sitzt«, im Hals, brauchen Sie Platz und Entspannung: Der Kehlkopf will in alle Richtungen hin beweglich sein, agil tanzen um alle Geräusche, Töne und Wörter ausdrücken können. Gleichzeitig braucht er einen sicheren Hafen: Nach jeder Sing- oder Sprechsequenz gilt es, den Kehlkopf zu entspannen. Der Kehlkopf springt sekundenschnell »zurück ins Körbchen«, um gleich erneut in Aktion zu treten.

Es ist wie im Konzertsaal: Gute Töne brauchen eine gute Akustik, einen gleichbleibenden Raum. Stellen Sie sich vor, Ihr Rachen sei ein leerer Konzertsaal. Jetzt stellen Sie ein großes »A«, ein »I«, ein »E«, ein »O«, ein »U« hinein. Die Wände des Saals bleiben, sie bewegen sich nicht, nur weil Sie ein »I« statt ein »A« hineinstellen. Versuchen Sie, die Idee des gleichbleibenden Raums zu verinnerlichen. Alle Klänge und Worte werden in diesen offenen und weiten Rachenraum hineingesungen. Ihr Fokus liegt auf dem gleichbleibenden Raum – ohne Rücksicht auf Ihre eigene Vorstellung davon, »wie es klingen sollte«. Es kann gut sein, dass singenderweise das eine oder andere Wort ganz neu klingt, wenn Sie den Hals weit öffnen.

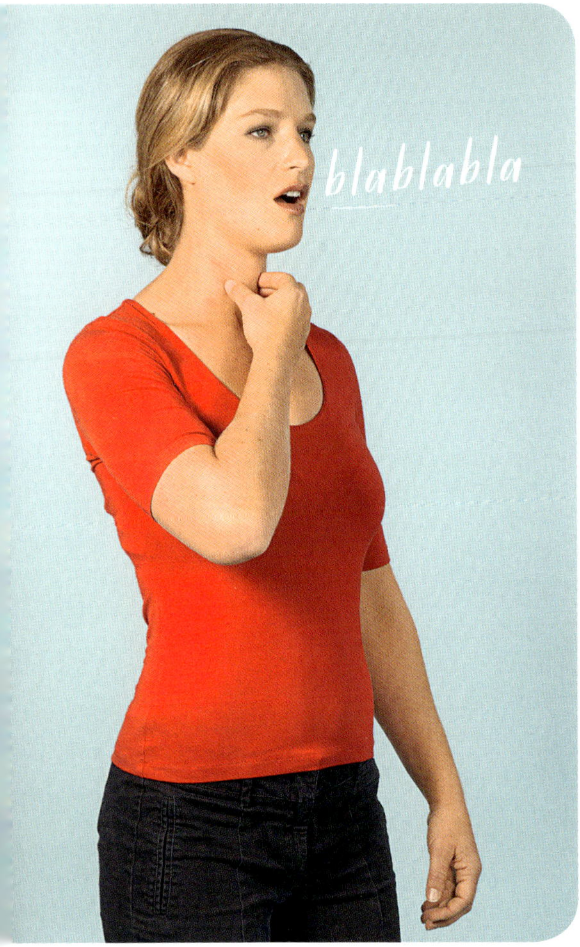

Wenn der Ton verstummt, bleibt der Mund offen, der Kehlkopf »fällt« nach hinten-unten.

kurz & stimmig:

- Ton zu Ende
- Mund staunt
- Zurück ins Körbchen
- Neustart!

Zurück ins Körbchen

Ziel: Entspannung des Kehlkopfes nach jeder Phrase.

Start: Richten Sie Ihren Kopf gerade, der Nacken bleibt lang. Legen Sie Ihre Fingerkuppen sanft seitlich auf den Kehlkopf.

Aktion:
● Sagen Sie laut: **blablablaaaa!** V̩ (V̩ = Abspannen) Wichtig: Wenn der Ton verstummt, lassen Sie den Mund offen. ● Achten Sie darauf, wie der Kehlkopf in diesem Moment nach unten »fällt«, zurück ins Körbchen! Gleichzeitig strömt der Atem ein. ● Wiederholen Sie diese Silben und die Kehlkopfentspannung so viele Male, bis sich ein Rhythmus von Sprechen und Abspannen im Kehlkopfbereich einstellt und es leichter und schneller geht. ● Singen Sie **blablablaaaa!** V̩ und beobachten Sie dabei die Kehlkopfbewegungen. ● Singen Sie beliebige Vokale in kurzer Melodie und achten Sie in den Pausen auf die Kehlkopfentspannung.

Dosierung: 3–5 Minuten, um die Muskeln im Kehlkopfbereich zu lockern.

Aufgepasst! Der Mund muss nach der Sprechphase offen bleiben, damit der Kehlkopf genügend Raum zum Fallen hat.

Der Rachen – ein Konzertsaal

Ziel: Frei beweglicher Kehlkopf – in alle Richtungen und in allen Lagen.

Start: Öffnen Sie den Mund weit, als ob Sie gähnen wollten.

Aktion:
● Lassen Sie Töne aus Ihrer Kehle erklingen, gerade so wie sie kommen. Strecken, räkeln und dehnen Sie sich dabei. ● Öffnen Sie den Mund weiter. Gähnen Sie ruhig dabei. ● Hören Sie, wie sich das Gähnen und Dehnen auf Ihre Töne auswirkt. ● Singen Sie alle Vokale. Achtung beim **Eee** und **Iiii**: Lassen Sie den Rachenraum nicht kleiner werden. Bleiben Sie bei allen Vokalen gleich weit geöffnet, auch wenn es seltsam klingen mag.

Dosierung: Bleiben Sie 5–10 Minuten dabei. Die wohlige Öffnung des Rachen- und des Brustraums durch Gähnen und Dehnen ist die vielleicht natürlichste Art der Klangerzeugung.

Aufgepasst! Es wird opernhaft klingen. Sie loten auf diese Weise Ihre Klangräume und Potenzial der Stimme aus. Haben Sie keine Angst, dass Sie nun immer so klingen werden. Dies ist eine Übung, um Ihre stimmlichen Möglichkeiten zu erweitern.

Variante: Singen Sie ein Lied in der gleichen Art.

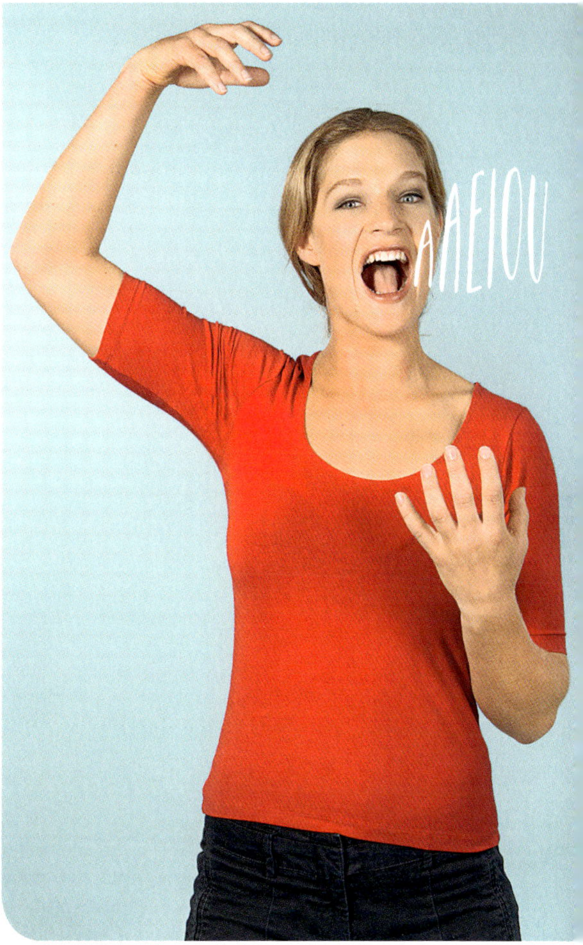

▲ Lassen Sie Ihre Töne frei aus Herz und Kehle kommen, räkeln Sie sich und gähnen Sie dabei.

kurz & stimmig:
- Ich gähne
- Die Stimme jubelt
- Das Echo klingt
- Der Saal hallt

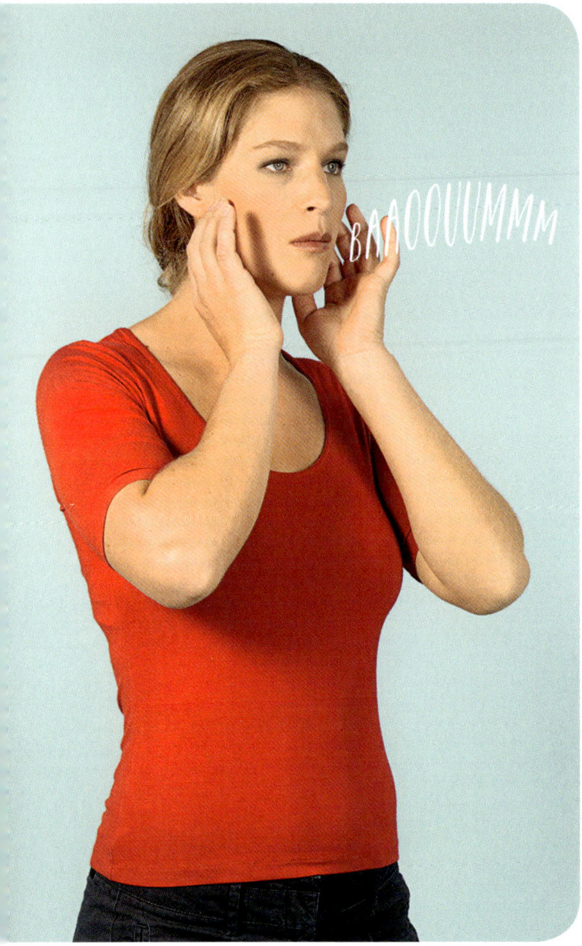

^ Spüren Sie die Vibration in Lippen, Backen und Mundraum.

kurz & stimmig:

- Warme Stimmbänder
- Die Saiten gestimmt
- Der Ton entsteht
- Die Höhle summt

Stimmbänder – Schwingung pur

Ziel: Stimmbänder für das Singen aufwärmen und Mundresonanz spüren.

Start: Sitzen Sie aufrecht, lockern Sie mit kreisenden Achterbewegungen die Schulterpartie, die Nacken- und die Kiefermuskeln. Helfen Sie mit einer sanften Fingermassage nach, reiben und kneten Sie verspannte Muskeln.

Aktion: Das Zeichen »V̩« bedeutet Abspannen (siehe Seite 26 und die Übung Seite 31).

● Atmen Sie tief ein und singen Sie auf bequemer Tonhöhe das Wort **Baum**. Dabei ziehen Sie die Silbe in die Länge und bewegen Mund und Lippen stark mit: **Baaoouummm** V̩. ● Legen Sie beide Hände locker auf die Backen, wie einen Kelch, und spüren Sie beim **Mmmmm** V̩ die Schwingung in den Lippen, im Gesicht und im runden Mundraum dahinter. ● Summen Sie eine beliebige Melodie auf **Mmmmm** V̩ mit offenem Raum dahinter. Loten Sie Ihre Tiefen und Höhen aus, fein und sanft.

Dosierung: 2–3 Minuten vor jedem Singen, um das Stimmorgan zu durchbluten.

Aufgepasst: Der Kiefer darf nicht zuklappen, sonst geht der Klangraum in Mund und Rachen verloren.

Liftschacht und Tonleiter

Ziel: Verschiedene Tonhöhen ausloten bei offenem Klangraum.

Start: Kopf aufgerichtet, mit lockerem Kiefer und weit offenem Mund.

Aktion: Das Zeichen »V̩« bedeutet Abspannen (siehe Seite 26 und die Übung Seite 31).

- Singen Sie die Silbenfolge **na-no-na-no-naaa** V̩ **na-no-na-no-naaa** V̩ auf einem Ton. Achten Sie auf die Höhle im Mundraum. Die Zungenspitze springt knackig zum Gaumen für das »**n**«, die Lippen bilden ringförmig das »**Oo**«. Das Gesicht ist entspannt und der Kiefer in der Schwebelage.
- Singen Sie diese Silben in einer einfachen Tonfolge und diese stufenweise höher. Der Kehlkopf schwingt frei und der Klangraum bleibt in allen Tonlagen weit offen.

Dosierung: 1–2 Durchgänge bis zu einer bequemen Höhe.

Aufgepasst! In der Höhe den Kehlkopf nicht hochziehen! Der Liftschacht bleibt immer gleich offen, während Sie Ihre Stimme wie einen Lift hinauf- und herunterfahren lassen.

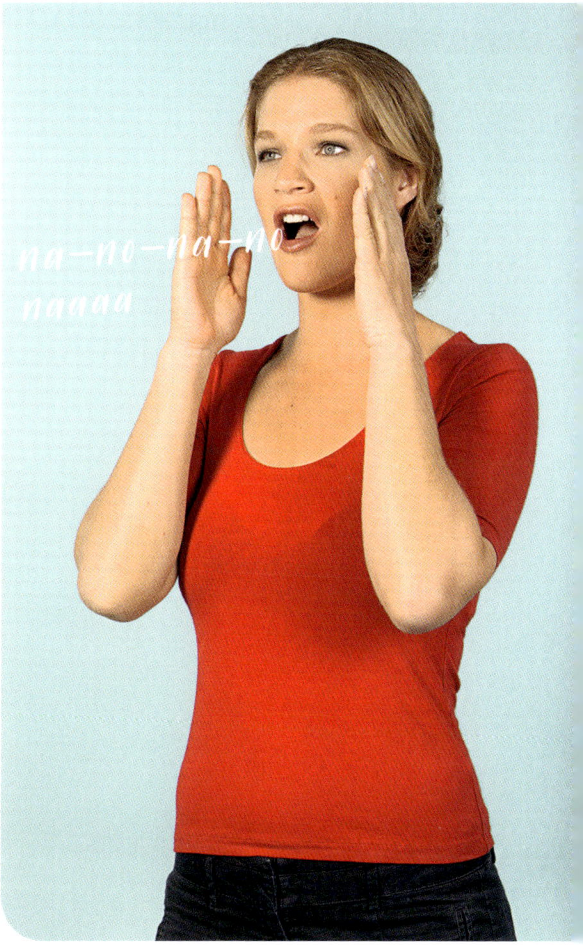

» Der Liftschacht bleibt offen, während die Stimme frei hinauf- und hinunterfährt.

kurz & stimmig:
- Schacht ist offen
- Ton fährt Lift
- Rauf und runter
- Freie Fahrt

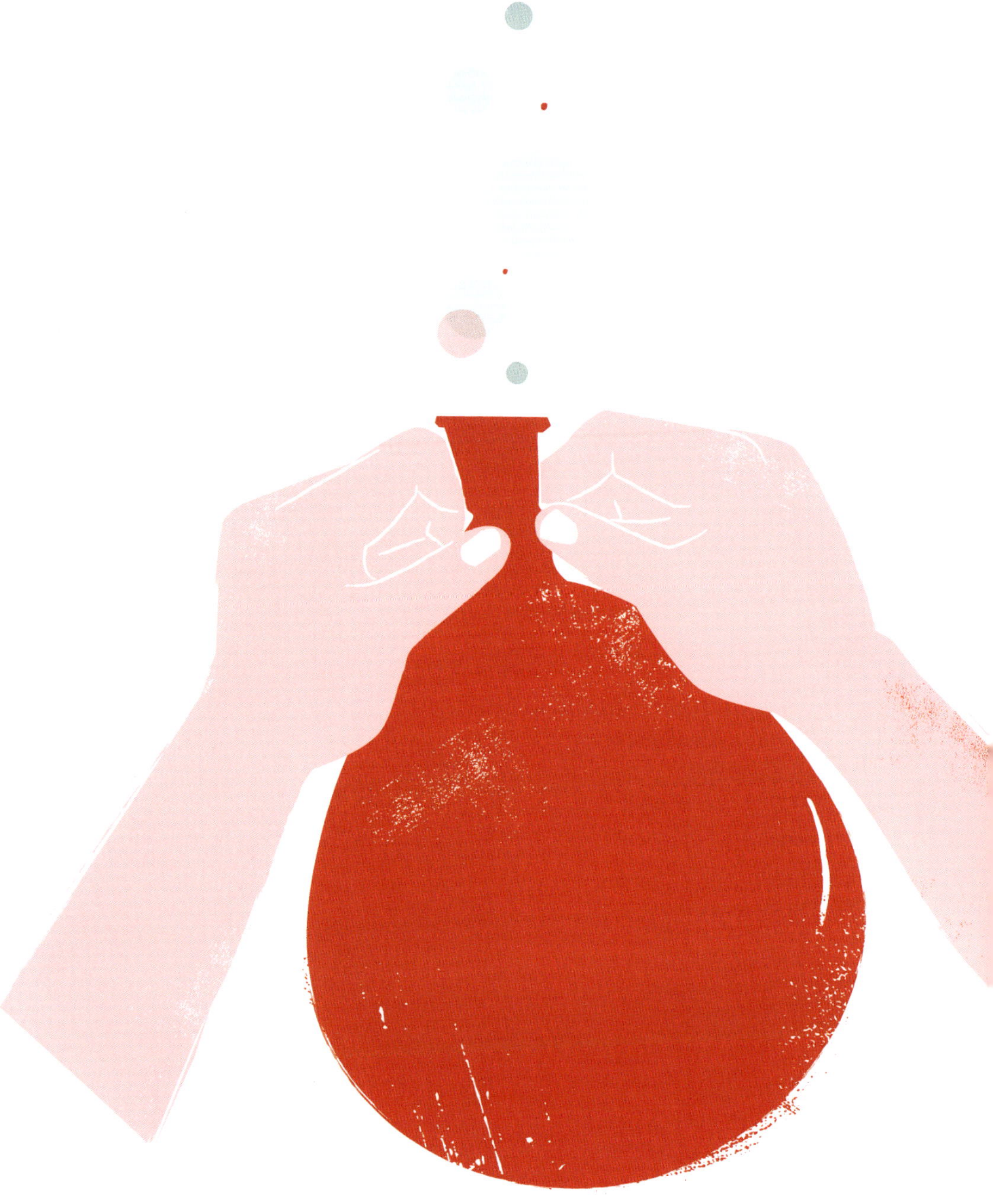

Stütze

Stützen beim Singen bedeutet, dass Sie Ihre Luft nicht verschwenden, sondern das Ausatmen wohl dosieren.

» *Behalten statt verschwenden.* «

»Diesen Ton müsst ihr besser stützen!«, ruft der Dirigent eindringlich. Ich habe viele Chormitglieder in genau dieser Situation beobachtet. An deren Gesichtsausdruck ist jeweils abzulesen, dass die meisten das Wort »Stützen« im Gesang nicht verstehen, geschweige denn umsetzen können.

Diesen Ton müsst ihr besser stützen …

Als Gesangslehrerin habe mir überlegt, wie der Vorgang des »Stützens« anatomisch am besten zu erklären sei, und habe mich dabei regelmäßig in meinen eigenen Formulierungen verheddert. Bis ich eines Tages bei einer Freundin zu Besuch war, deren kleiner Bub mit einem Luftballon spielte. Er zog mit beiden Fingern an der Öffnung des prall gefüllten Ballons: »Schau mal, wenn das Loch ganz klein ist, quietscht der Ballon und ich kann einen gaaaanz laaaangen Ton machen!« strahlte er. »Der Ballon stützt!«, durchfuhr mich die Erkenntnis und jagte mir einen Schauer über den Rücken … Der Junge sah die große Freude in meinem Gesicht. So viel Mitfreude hatte er nicht erwartet und schaute mich leicht verdutzt an. Endlich hatte ich eine gute Metapher für die Stütze gefunden und bedankte mich still für das unverhoffte Aha-Erlebnis.

Anatomie: »Atemstütze« heißt Weite beim Ausatmen

Nach dem Einatmen entsteht in der Lunge ein Überdruck, der die Atemluft – genau wie beim Luftballon – nach außen entweichen lässt. Mit Ihren Fingern können Sie die Luftritze des Ballons, und damit den Ton, variieren. Beim Singen übernehmen Zwerchfell, Brust- und Bauchmuskulatur diese Aufgaben. Der Begriff »Atemstütze« wurde von den österreichischen Pädagogen Horst Coblenzer und Franz Muhar folgendermaßen definiert: »Die Atemstütze ist die Summe aller Kräfte, die dem ausströmenden Atem entgegenwirken.« Die Gesamtheit aller beteiligten Muskeln erlaubt eine dynamische Anpassung des Luftdrucks unterhalb der Stimmritze. Je nach Lautstärke, Register und Tonhöhe variiert die Spannung in den Stimmlippen und bedarf einer anderen »Unterstützung durch den Luftstrom«. Diese Feineinstellung des

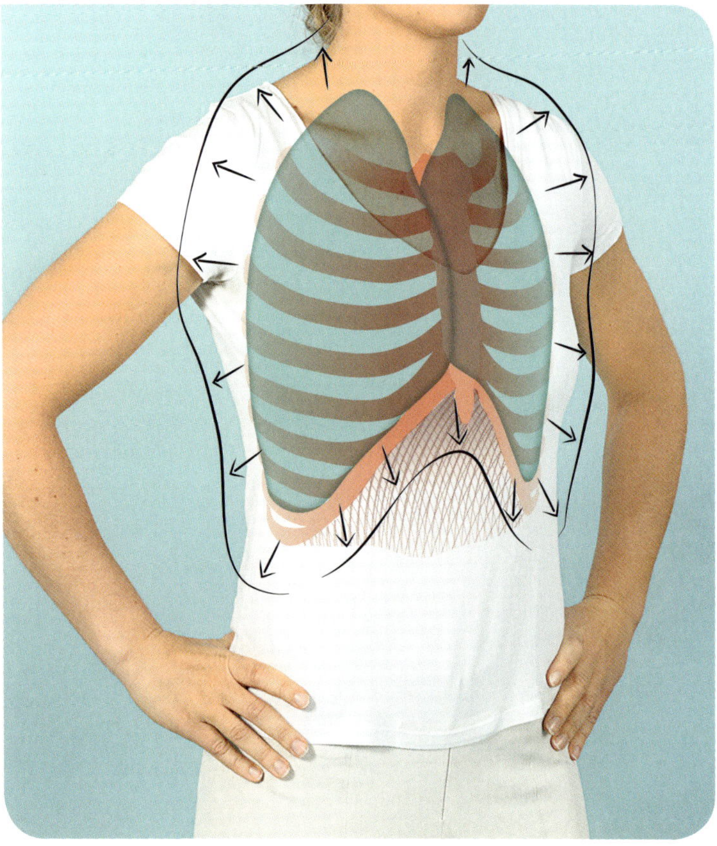

Atemstütze bedeutet aktive Weitstellung des Brustkorbs während des Singens.

Luftstroms unterhalb der Stimmritze bedingt die Fähigkeit, beim Singen die Einatmungs-Weitstellung von Zwerchfell und Brustkorb während des Ausatmens aufrechtzuerhalten. Die Luft muss sozusagen »drin bleiben« und darf nicht rausgelassen oder gar rausgepustet werden. Alle an der Einatmung beteiligten Muskeln arbeiten dabei bremsend (»exzentrisch« heißt das Fachwort hierfür). Das differenzierte »Halten der inspiratorischen Weite« ermöglicht das feinmodulierte »Stützen des Tons«. Die Luft entweicht langsam, sparsam und mit voll klingendem Ton – genau wie beim Luftballon.

»Atemstütze« bedingt Kraft aus der eigenen Mitte.

»Stützen« klingt gemütlich, erfordert aber Kraft! Und zwar im unteren Rumpf. Begriffe wie »Core Stability« im Tanz, »Powerhouse« im Pilates und »Hara« in

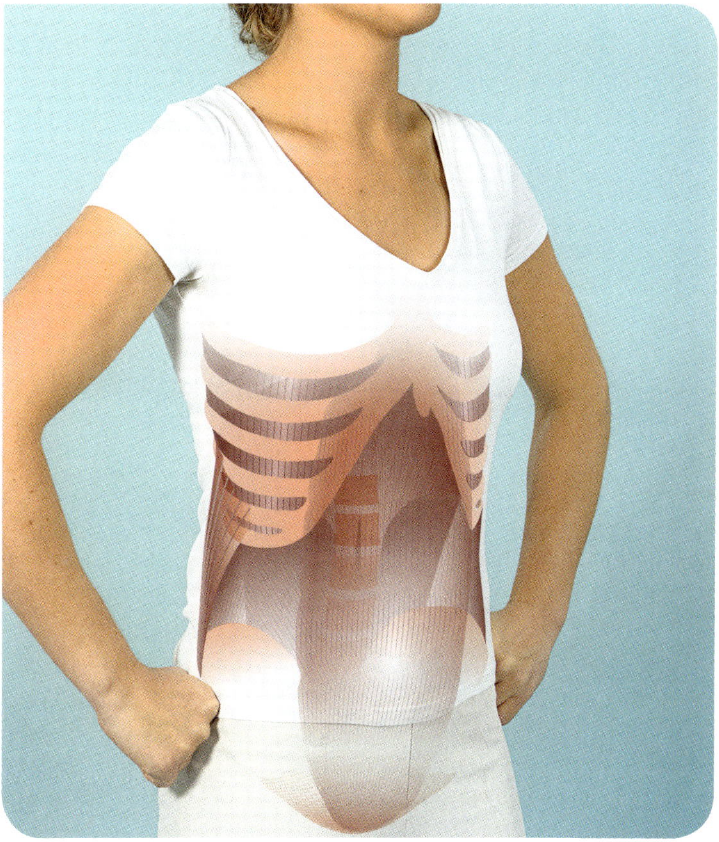

Beteiligt am Stützen sind: Zwerchfell, Beckenboden, vorn das Sixpack, Rückenmuskulatur und Flanken.

der japanischen Kampfkunst weisen alle in die gleiche Richtung. Der Begriff »Powerhouse« – zu Deutsch »Kraftwerk« – beschreibt die anatomischen Grundlagen trefflich: oben das Zwerchfell, unten der Beckenboden, vorn das Sixpack, hinten die Rückenmuskulatur und seitlich die Flanken. Alles zusammen ergibt einen allseits von Muskeln umgebenen Innenraum. Der Begriff »Core Stability« verdeutlicht: Dieses »Haus« muss stabil sein. Der Begriff »Hara« schließlich weist darauf hin, dass alle Kraft ihren Ursprung in der eigenen Mitte hat. Wer mit Hohlkreuz, schlaffer Bauchdecke, eng gestellten Flanken und verspanntem Zwerchfell singt, wird niemals die Kraft der eigenen Mitte finden.

Fazit: Die »Atem-Stützkraft beim Singen« erschließt sich durch Zwerchfellkraft, Weite der Flanken und durch eine dynamisch differenzierte Feinregulierung des Atems.

Singen erfordert Kraft – keine Anstrengung

Singen ist Ausdruck von gekonntem Körpereinsatz gepaart mit der Kraft der Emotionen. Gekonnter Körpereinsatz bedeutet »Kraft ohne Anstrengung«. Ohne Krampf und ohne Kampf.

Der italienische Startenor Enrico Caruso aus dem frühen 20 Jahrhundert soll gesagt haben: »Singen ist Schwerarbeit, nur darf es niemand merken!« Damit meinte er neben dem Körpereinsatz vor allem die hohe Aufmerksamkeit für alle beteiligten Elemente, die das Singen erfordert. Natürlich sind Muskeln am Werk, sehr viele sogar! Viele Sänger wissen jedoch: Wenn es leicht und ohne Anstrengung geht, klingt es am schönsten. Voraussetzung ist, dass das Instrument gut gestimmt ist, dass die Technik sitzt. Die Leichtigkeit stellt sich dann ganz natürlich ein.

Ihr Körper funktioniert beim Singen als »Ganzkörper-Instrument«: Sie verwandeln den wohlgestützten Atem mithilfe der vibrierenden Stimmbänder in einen Ton … den Ton mithilfe der Resonanzräume in Klang … den Klang mithilfe Ihrer Emotionen in Ausdruck. Von großer Wichtigkeit ist dabei die innere Absicht, die Bereitschaft, sich mitzuteilen und etwas zu verschenken – mit Emotionen zu bewegen! So gesehen »stützen« Sie durch den bewusst geführten Atem den Ton und erwerben gleichzeitig die Fähigkeit, Emotionen selber »auszuhalten«.

Ein berührendes Lied entsteht erst dann, wenn Sie eine »Geschichte« erzählen, von Herzen Gefühle und Stimmungen ausdrücken und diese mit anderen teilen.

Immer genug Luft – Behalten statt verschwenden!

Stützen bedeutet, dass Sie die eingeatmete Luft nicht verschwenden. Ja! Nicht gleich wieder hinauspusten! Sie dosieren die Luft beim Ausatmen bewusst. Am Anfang des Stützens steht die Einatmung – mit einer Qualität des »Empfangens und Haltens«. Die Angst, »zu wenig Luft zu haben«, wandelt sich in eine neu gewonnene Sicherheit, mit der eingeatmeten Luft lange arbeiten zu können.

Sie werden vielleicht einwenden: »Aber die Luft entweicht doch ... also schrumpft doch logischerweise der Oberkörper!?« Ja, das ist korrekt. Aber Sie können etwas gegen das Schrumpfen von Lunge und Oberkörper tun! Um länger mehr Luft zur Verfügung zu haben, lernen Sie, die Rippen während des Singens nach außen zu bewegen. Das geht. Und so bleiben die Rippen am Ort. Auf diese Weise stabilisieren Sie die Seitenwände Ihres Luft- und Lungengefäßes. Die Vorderwand bauen Sie so auf: Sie brüsten sich! Sie bewegen das Brustbein während des Singens nach oben, anstatt es nach innen und nach unten wegtauchen zu lassen – der sogenannte »Castafiore-Effekt«. Castafiore ist die Sängerin mit der vorgewölbten Brust aus dem Comic »Tim und Struppi«.

Schließlich fehlen noch die hintere und die untere Wand Ihres Luftgefäßes: Diese beiden Wände bekommen Sie mit einer einzigen Bewegung – zwei auf einmal, sozusagen: Bewegen Sie Ihr Steißbein in Richtung Boden – als ob Sie sich auf einen Melkstuhl oder Barhocker setzen wollten. So bleibt Ihr Zwerchfell – es ist der Boden Ihres Luftgefäßes – länger unten und länger in einer flachen Lage. Gleichzeitig bringen Sie so Ihr Becken in die Aufrichtung, öffnen die Flanken, aktivieren den Beckenboden und tonisieren damit die tiefe Bauchmuskulatur. Alles zusammen erlaubt den fein dosierten Druckaufbau im Bauchraum.

Fazit: Das Luftgefäß – der Brustraum – bleibt weit gestellt; das Druckgefäß – der Bauchraum – bleibt dynamisch und steuerbar.

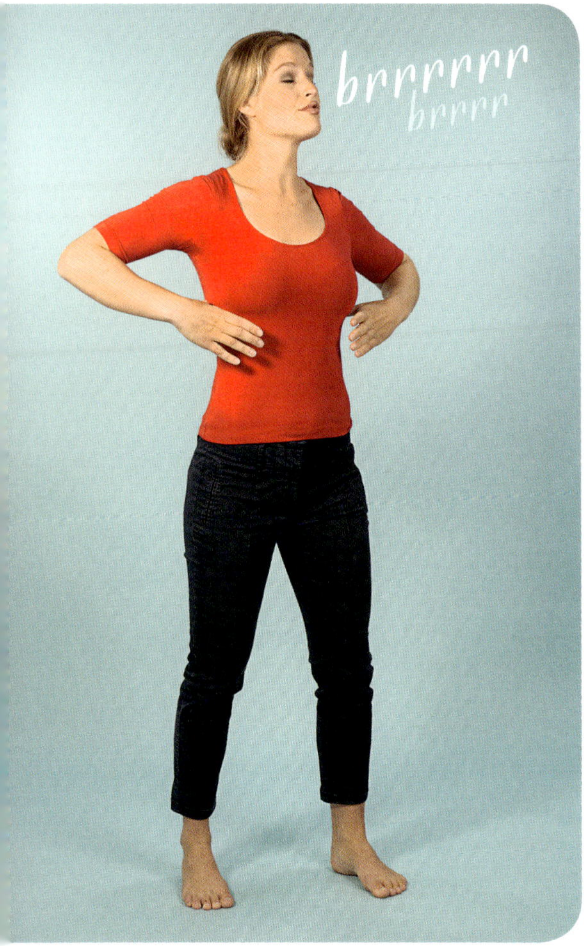

⮝ Weiten Sie während des Tönens Ihre Rippen gegen den Druck der Hände nach außen.

kurz & stimmig:
- Lippen flattern
- Brustkorb weit
- Luft bleibt drin
- Der Ton wird lang!

Der Luftballon hat Muskeln

Ziel: Töne länger halten können.

Start: Stehen Sie im Lot, legen Sie Ihre Hände seitlich an die Flanken.

Aktion:
● Flattern Sie mit den Lippen **Brrrrrr.** Falls Ihnen dies nicht gelingt, schieben Sie von der Seite her mit den Zeigefingern die Mundwinkel nach innen ● Spüren Sie mit den Händen, wie die entweichende Luft den Brustkorb seitlich zum Schrumpfen bringt. ● Beim nächsten Mal machen Sie das **Brrrrrr** V̩, als ob während des Tönens Ihre Rippen gegen den Druck der Hände nach außen stießen. Damit stützen Sie automatisch Ihr Zwerchfell und aktivieren Ihre Zwischenrippenmuskulatur. ● Spannen Sie zwischen den Tonsequenzen ab, siehe auch Seite 31, das Zwerchfell holt flexibel neue Luft.

Dosierung: 10–20-mal. Verlängern Sie das Lippenflattern jedes Mal.

Aufgepasst: Das Becken aufrichten, das Steißbein nach unten sinken lassen! Jede Hohlkreuzposition verengt und verkrampft die Flanken und das Zwerchfell!

Variante: Ersetzen Sie das Lippenflattern mit langen Tönen auf **aaaaaa** V̩, **oooooo** V̩ und **uuuuuu** V̩.

Stoß die Wand weg!

Ziel: Den Ton mit Kraft füllen.

Start: Positionieren Sie Ihre Hände mit leicht gebeugten Armen an eine Wand. Füße stehen rutschsicher und gut verankert am Boden.

Aktion:
● Singen Sie **mano mano mano mano maaaa** V auf einem bequemen Ton. ● Wenn die Luft knapp wird – vor dem letzten **Maaaa**, stoßen Sie die Wand weg. Achten Sie darauf, dass Sie die Schultern nicht hochziehen. Gleichzeitig stoßen Sie Beine und Füße in den Boden. ● Singen Sie jetzt ein Lied und stoßen Sie die Wand weg, immer kurz bevor die Luft knapp wird. ● Nehmen Sie wahr, wie der Klang vom ganzen Körper getragen und gestützt wird. Ihre Luft reicht so viel länger!

Dosierung: Setzen Sie die Wandübung immer dann ein, wenn Sie keine Kraft zum Singen verspüren oder zu wenig Luft zu haben glauben.

Aufgepasst! Die Bereitschaft zum Stoßen und der Körpereinsatz müssen vor der Luftknappheit einsetzen!

Variante: Stellen Sie sich mitten in den Raum und stellen sich während des Singens vor, wie Sie eine imaginäre Wand wegstoßen. Hören Sie den Unterschied!

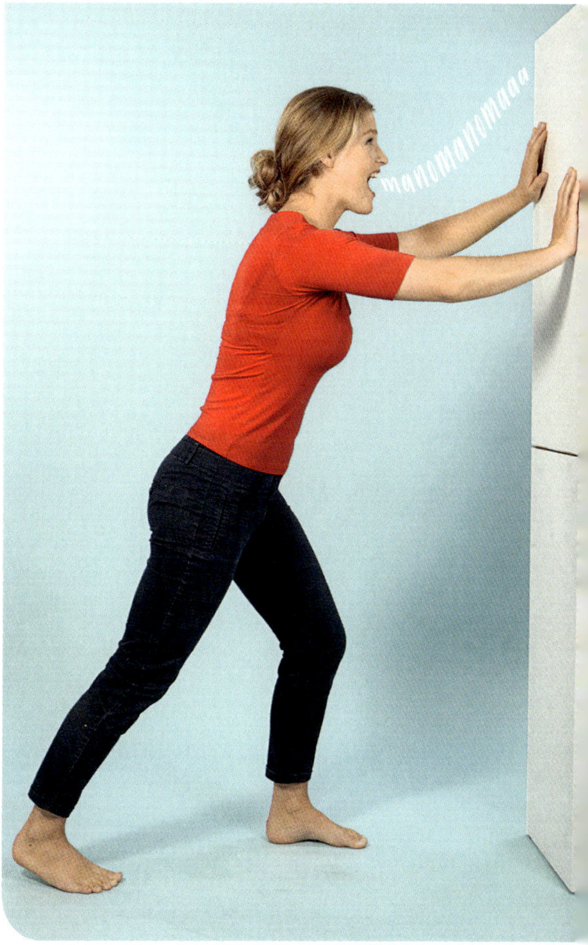

Wird die Luft knapp, stoßen Sie die Wand weg.

kurz & stimmig:
- Körper hat Kraft
- Ton hat Kraft
- Kraft wird größer
- Ton wird lauter

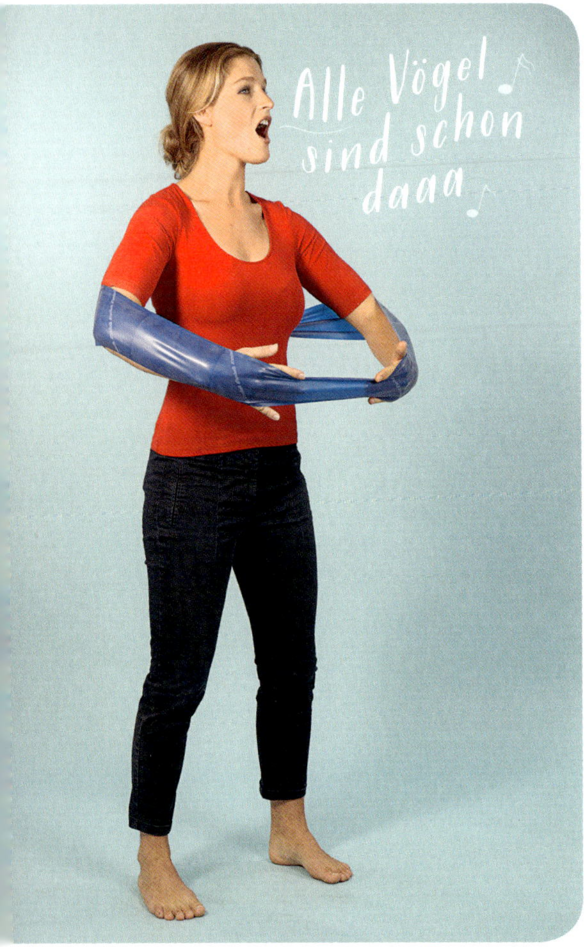

Nutzen Sie den satten Kontakt zwischen Körper und Theraband, um Spannkraft und Weite zu bekommen.

kurz & stimmig:

- Ein Ring
- umgeben von Kraft
- ich mittendrin
- große Stimme

Spreng das Korsett!

Ziel: Zwischenrippenmuskulatur stärken.

Start: Stehen Sie breitbeinig. Legen Sie ein Theraband mit einem festen Knoten wie einen Ring um den oberen Rücken, beide Arme und die Hände.

Aktion:
● Singen Sie lange Töne auf angenehmer Höhe: **aaaaaaa** V, **ooooooo** V ● Spüren Sie den satten Kontakt zwischen Körper und Theraband – so entsteht Breite im Oberkörper. ● Singen Sie weiter und »sprengen« Sie dabei das Theraband, indem Sie mehr und mehr in die Breite wachsen. ● Für das Einatmen lassen Sie die Spannung etwas los, um gleich beim nächsten Ton wieder in die Spannkraft zu gehen. Spüren Sie den direkten und körperlichen Zusammenhang zwischen Breite, Dehnung, Kraft und Tonlänge? ● Singen Sie ein einfaches Lied mit kurzen Sequenzen. Lassen Sie sich Zeit, um den Wechsel von Breiten-Spannung und Entspannung harmonisch aufzubauen.

Dosierung: Mindestens 10-mal in Folge.

Aufgepasst: Das Theraband darf nicht zu eng und auch nicht zu locker gespannt sein. Die Schultern nicht hochziehen.

Kraft aus der Mitte

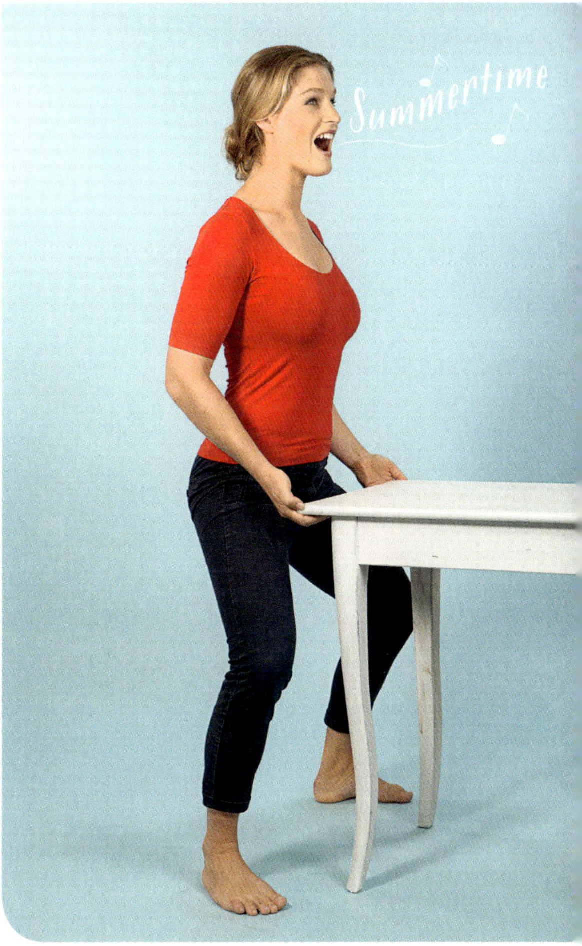

Ziel: Den Rücken und die Beine am Singen beteiligen, das Fundament stärken.

Start: Stellen Sie sich mit geradem Rücken und leicht gebeugten Knien nahe an einen schweren Tisch.

Aktion:
● Zählen Sie mit lauter und klangvoller Sprechstimme von 1 bis 10. ● Heben Sie gleichzeitig den Tisch an, mit der Kraft der Oberschenkel und stabilem unterem Rücken. Spüren Sie, wie sich dabei die Stimme verändert. ● Singen Sie nun eine einfache Passage eines Liedes. Erneut den Tisch anheben und die Wirkung auf Ton und Lautstärke wahrnehmen. ● Singen Sie die gleiche Passage stufenweise höher. Je höher, umso mehr setzen Sie die Kraft des Tischanhebens ein.

Dosierung: 4–5-mal , höher werdend.

Aufgepasst! Bei Rückenproblemen! Achten Sie darauf, dass der untere Rücken gerade bleibt! Bei Bandscheibenproblemen lieber eine leichte Hohlkreuzhaltung (Schutzhaltung für die Bandscheiben bei Vorbeugen des Oberkörpers) einnehmen.

Variante: Heben Sie zwei ungefähr gleich schwere, gut gefüllte Einkaufstüten, während Sie singen. Hier gilt wieder: Becken aufrichten.

Zählen Sie laut! Währenddessen heben Sie den Tisch an. Achten Sie auf einen stabilen unteren Rücken

kurz & stimmig:
- Gewicht zu Boden
- Aus der Mitte
- Ton zum Himmel
- Ganz leicht

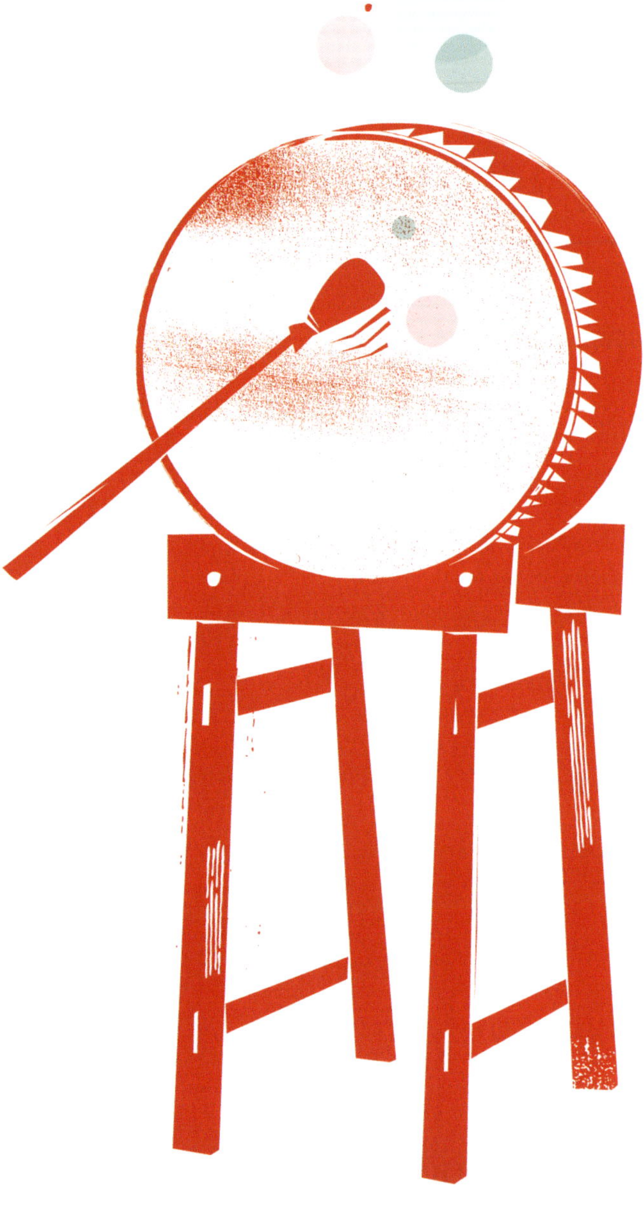

Resonanz

Sie sind hochresonant. Ihr Körper ist ein großer, dynamischer Klangraum für Ihre Stimme. Die Vibrationen gehen bis in die Knochen ...

» Der Resonanzraum ergibt den großen Klang: Klingen, erklingen, durchklingen ... «

Ich spüre sie mehr, als dass ich sie höre: die Taiko-Trommeln der japanischen Gruppe Kodo. Gewaltige Trommeln stehen auf der Bühne und muskulöse Arme schlagen sie in komplexen Rhythmen. Die Wirkung ist unglaublich. Über den Boden spüre ich die Vibration bis in die Knochen. Teilweise verschlägt es mir fast den Atem, auch mein Brustkorb schwingt mit den mächtigen Tönen mit. Die tiefsten Bässe spüre ich im Bauch und Becken. Viel sinnlicher als jede Technomusik – ein archaisches Erlebnis.

Machtvolle Klänge ...

Schwingung und Resonanz pur. Ein Gefäß – hier ein Holzrahmen bespannt mit Fell – wirkt als Verstärker eines Impulses: des Knüppelschlags. Gleichermaßen verstärkt der Holzkasten einer Gitarre die Schwingungen der Saiten.

Die Schwingungen einer Stimme sind wohl weniger mächtig als die Trommeln, folgen jedoch dem gleichen Prinzip: Im Kehlkopf werden zarte Stimmbänder vom Atemstrom in Schwingung versetzt. Voll klingend werden die Töne, indem die Schwingungen in den Hohlräumen von Mund und Kopf verstärkt werden. Mächtig werden die Töne, wenn sie sich im ganzen Körper ausweiten, eben »resonieren«.

»Resonare« (aus dem Lateinischen) bedeutet »widerhallen«. Wir zeigen Ihnen in diesem Kapitel, wie Sie für jeden Ton die besten Resonanzräume erschließen, wie Sie Ihren Körper als Resonanzraum für Ihre Stimme einsetzen und somit Ihr Körper-Instrument zum Klingen bringen können. Willkommen auf einer spannenden Entdeckungsreise: der Körper als geheimnisvolle Schatz- und Echokammer.

Anatomie: Dynamische Resonanzräume

Die Saite erzeugt den Ton, der Resonanzraum bringt ihn zum Klingen. Hier entstehen Ober- und Untertöne. Dies gilt für Violine wie für die menschliche Stimme. Resonanzräume sind das A und O der Klangbildung, sie umfassen Rachen, Mundhöhle, Nasenraum, Nebenhöhlen und Brustkorb. Für die Lautbildung entscheidend ist die Mundhöhle. Im Gegensatz zu einem Resonanzkörper aus Holz besitzt der Mund nur oben eine feste Wand – den harten Gaumen. Alle anderen Wände sind weich und formbar.

Ist Ihnen aufgefallen, dass Sie Ihre eigene Stimme anders wahrnehmen als die Stimme anderer Menschen? Von anderen Menschen hören Sie nur die Schallleitung via Luft, was einer Tonbandaufnahme ähnelt. Bei der eigenen Stimme hören Sie die Schallleitung via Luft kombiniert mit der Schallleitung via Knochen. Die eigene Stimme wird über den harten Gaumen via Knochen direkt ans Innenohr weitergeleitet. Hinter dem Ohr befindet sich der sogenannte Hörknochen – er dient, wie der Name sagt, dem Hören mittels Knochenschallleitung.

Resonante Knochen

Knochen sind wunderbare Schallleiter. Was auf Hör- und Schädelknochen zutrifft, gilt für alle Knochen. Das Skelett – ein gigantischer Resonanzkörper? Richtig! Alle Knochen »re-sonieren«, sie schwingen mit der Stimme mit. Für die Qualität der Resonanz ist das freie Mitvibrieren aller Knochen von besonderer Bedeutung. Über das Öffnen dieser Resonanzräume nach oben entsteht die Kopfresonanz. Dank der Nähe des Kehlkopfs zur Wirbelsäule pflanzt sich der Schall via Knochenleitung nach unten zum Brustbein und zu den Rippen fort, so entsteht Brustresonanz. Und manchmal können Sie einen tiefen Ton auch ganz tief unten im Becken oder im Bauch spüren, weil der Ton via Wirbelsäule weiter nach unten bis ins Becken geleitet wird. Von dort breiten sich die Schwingung auf Muskeln und Eingeweide aus. Auch Wasser leitet Schall! Da der Mensch

❶ Ein offener Nacken erweitert den Rachenraum – Ausgangspunkt für eine resonanzstarke Stimme.
❷ Kopf nach vorn geschoben.
❸ Kinn zur Brust gepresst.
❹ Die ungünstigste aller Kopfhaltungen (Kombination von 2 und 3.

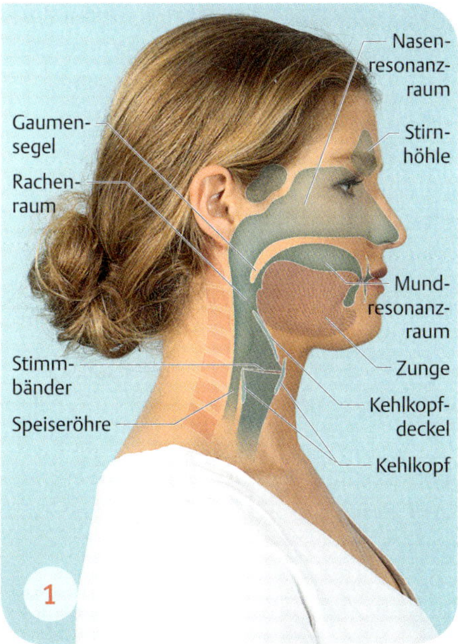
Nasen-
resonanz-
raum
Gaumen-
segel
Stirn-
höhle
Rachen-
raum
Mund-
resonanz-
raum
Stimm-
bänder
Zunge
Kehlkopf-
deckel
Speiseröhre
Kehlkopf
1

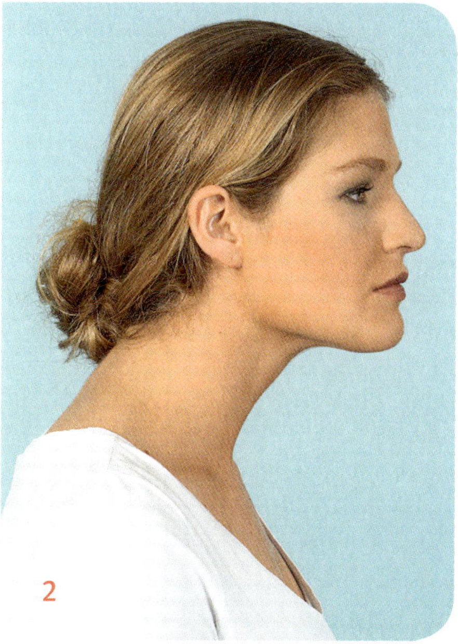
2

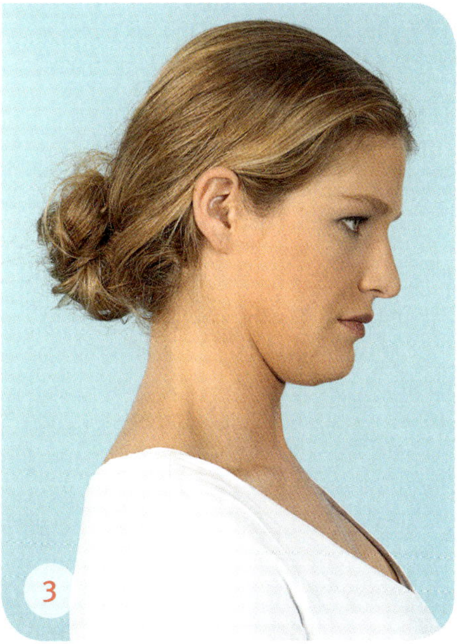
3

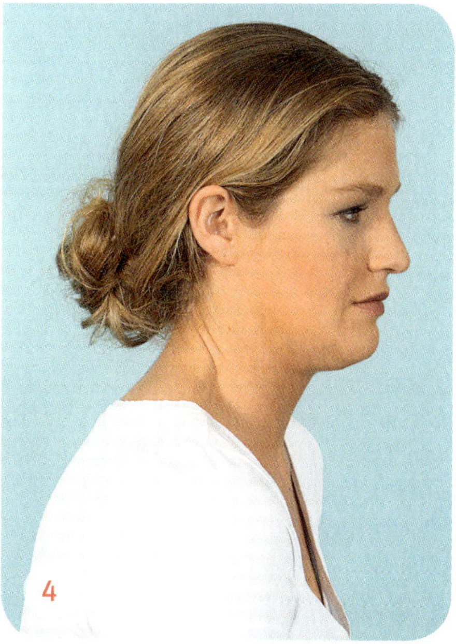
4

zu 70 Prozent aus Wasser besteht, kann der ganze Mensch als dynamischer Resonanzkörper der menschlichen Stimme betrachtet werden.

Mach den Mund auf, statt auf die Zähne zu beißen!

Kopfhaltung: Die Kopfhaltung beeinflusst die Resonanzfähigkeit des menschlichen Körpers unmittelbar. Ein Rundrücken führt automatisch zum Knick im Genick, der Kopf wird in den Nacken gezogen, der Kehlkopf als erster Resonanzraum und der Rachenraum werden eingeengt. Eine flache Stimme und nächtliches Schnarchen sind die Folge.

Mund auf: Evolutionsgeschichtlich gesehen sind Zähne »Waffen«. Die Kau- und Beißmuskeln sind die stärksten des menschlichen Körpers. Die antrainierte Beißhemmung – die Unterdrückung einer gesunden Aggressivität – hat bei vielen Menschen dazu geführt, dass sie sich nicht mehr trauen, den Mund aufzumachen. Unterdrückte Emotionen und Aggression führen zu massiven Verspannungen der Kaumuskulatur. Es kommt zu Zahnpressen, Knirschen, Schläfenkopfschmerz und zur vorzeitigen Abnutzung von Zähnen und Kiefergelenken.

Fazit: Mach den Mund auf, im Alltag wie beim Singen.

Klangräume und Raumklang – mit dem Herzen singen

Redewendungen wie: »Ja, das klingt an!« – »Ja, das stimmt!« weisen darauf hin, dass etwas stimmig mitschwingt. Sie gehen in Resonanz, in Gleichklang. Sie schwingen sich innerlich auf etwas ein, was Ihnen von außen entgegenkommt. Beim Singen gilt das Prinzip analog umgekehrt: Sie »resonieren« sozusagen von innen nach außen.

Wenn Sie in Resonanz mit Ihren Gefühlen sind, klingen diese durch Ihr Körper-Instrument hindurch nach außen. Hier zeigt sich das berühmte »mit dem Herzen singen«. Sich innerlich zu öffnen gehört unabdingbar zum Singen dazu. Auf den Körper übertragen öffnen Sie den Mund, die Atemwege, den ganzen Körper. Sie gestalten die Töne in den Innenräumen Ihres Körpers: Mundraum, Schädel und Brustraum. In diesen Resonanzräumen nimmt der Klang Gefühle und Farbe an. Diese Klänge entsenden Sie in den Außenraum.

Erfahrene Sänger kennen zusätzlich den Resonanzraum »um den Körper«. Es entsteht eine energetische Weite, ein visualisierter Raum um Ihren Körper – eine Art akustischer Aura, die wiederum eine innere Weite bewirkt. Hier spiegelt sich die psychologische Dimension des geflügelten Wortes »sich den Raum nehmen« – im Innen wie im Außen.

Die nächste, dritte Dimension der Resonanz bildet der bauliche Raum. Jeder Saal, jede Kirche und auch das Badezimmer werden zum Klangkörper. Füllen Sie in der Vorstellung – ob laut oder leise – immer den ganzen Raum.

Klangwelten entstehen im Kopf

Entdecken Sie das Geheimnis im Schädel! Lernen Sie die Vielfalt seiner Klangwelt kennen! Beschallen Sie ihn ganz neu! Befühlen Sie ihn und werden Sie gierig danach, neue Klangräume zu erschließen! Fassen Sie sich an die Nase, während Sie Töne singen, spüren Sie den Unterschied der Vibrationen, wenn Sie ein »**m**«, ein »**n**« oder ein »**ng**« singen. Legen Sie eine Hand flach an den Hinterkopf oder mitten auf der Schädeldecke. Wo vibriert es am meisten? Wo spüren Sie gar nichts? Können die Töne bis zu den Zähnen klingen? Haben Zähne überhaupt einen Klang? Kommen Sie weg von der Idee, dass der Ton lediglich aus dem Mund »hinauspurzelt« … Lassen Sie sich inspirieren von der neuen Idee, dass sich unendlich viele Klangwellen durch alle Knochen und Hohlräume im Kopf ausbreiten.

Wenn Sie diese mit Klang füllen, werden Obertöne erklingen. Wie bei jedem Instrument. Dadurch wird der Klang Ihrer Stimme farbiger. Sie können sich dies als Vibrationsmassage vorstellen: Die Klangwellen massieren alle Zellen in Ihrem Schädel, von innen bis nach außen. So entstehen lebendige Verbindungen zwischen Knochen, Haut und Hohlräumen. Durch regelmäßiges Singen wird es Ihnen gelingen, überall in den Schädel hinein- und durch ihn hindurchzudringen – bis Sie sein Geheimnis entdecken, den Sitz Ihrer Stimme: Ein Ort an dem Sie fühlen und hören werden, wie im Inneren des Schädels Musik entsteht.

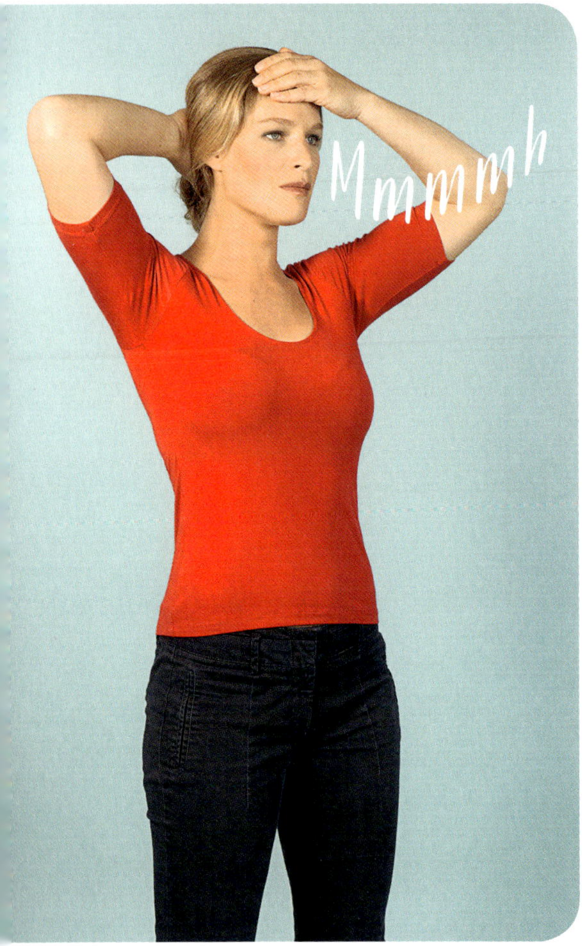

Spüren Sie die Schwingungen im Nacken, Kopf und Schädel. Fühlen Sie sie mit Ihren Händen.

kurz & stimmig:

- Schädel klingt
- Maske singt
- Mund ist rund
- Mein Ton wird bunt

Der Schädel als Klangschale

Ziel: Die Resonanzfähigkeit im Innern des Schädels wahrnehmen und steigern. Der Begriff »Brummschädel« bekommt hier eine neue Bedeutung.

Start: Halten Sie den Kopf gerade und lockern Sie den Kiefer.

Aktion:

● Summen Sie ein **Mmm** auf einer bequemen Tonhöhe, wobei der Mundraum im Inneren möglichst offen bleibt. Spüren Sie mit flach angelegten Händen die Schwingungen am Hals, Stirn, Gesicht und ganzem Schädel. ● Singen Sie auf einem Ton die Silben **AmmmAabend**. Dabei klingt das **Mmm** im runden Innenraum, und wenn Sie die Lippen öffnen, erklingt das **Aa** von **Aabend** offen und klar. ● Singen Sie **AmmmMoorgen**. Formen Sie für das **O** mit den Lippen einen engeren Ring, jedoch ohne den Kiefer zu schließen. ● Als Nächstes: **AmmmMiittag**. Senden Sie den Klang des **Mmm** zur Stirne. Das **I** wird dieser Spur folgen.

Dosierung: 2- bis 3-mal beim Einsingen.

Aufgepasst: Kiefer muss offen bleiben, Kehlkopf bleibt entspannt und liegt tief.

Obertöne – Klangfarben des Tons

Ziel: Vokalräume und Obertöne in der eigenen Stimme entdecken.

Start: Lockern Sie den Kiefer, gähnen Sie genüsslich.

Aktion:
● Singen Sie mit offenem Rachenraum **aaaa**, **oooo** und **uuuu**. Bewegen Sie Ihren Mund ganz langsam von einem Vokal zum nächsten: **aaoouu** und **uuooaa**. Atmen Sie gemütlich. ● Zusätzlich können Sie den Ton am oberen Gaumen »aufhängen«. Es ist, als ob Sie ein **Ng** vorn anhängten, bevor Sie von einem Vokal zum nächsten gleiten. Lauschen Sie genau, was im Übergang der Vokale erklingt: Das sind Obertöne! Die Obertöne Ihrer Stimme. ● Nun singen Sie lange Vokale **uuuu**, **üüüü** und **iiii** und im Übergang **uuüüii** und zurück **iiüüuu**. ● Vergrößern Sie den Resonanzraum mit vorgestülpten Lippen und lauschen Sie auf die Klänge, die im Übergang der Vokale auftauchen. ● Experimentieren Sie mit der Stellung der Zungenspitze, während Sie die Vokalreihen singen.

Dosierung: Solange es Spaß macht.

Aufgepasst! Nicht zu schlaff, nicht verspannt! Mund, Lippen und Zunge ganz langsam und kontrolliert bewegen.

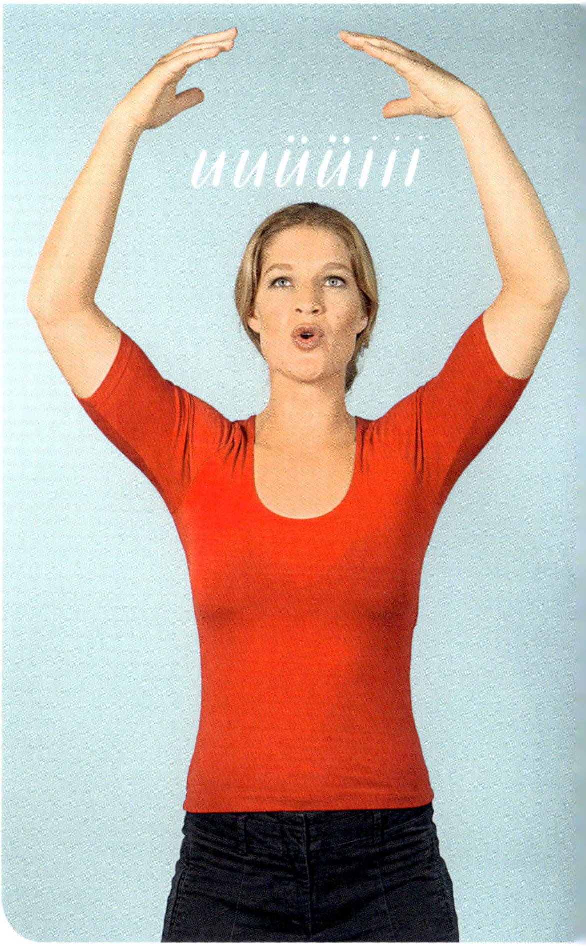

▲ Obertöne entstehen, im offenen Rachenraum, wenn Sie langsam von einem Vokal zum nächsten gleiten.

kurz & stimmig:
- Höhlen klingen
- Räume schwingen
- Glänzender Klang
- Meine Stimme

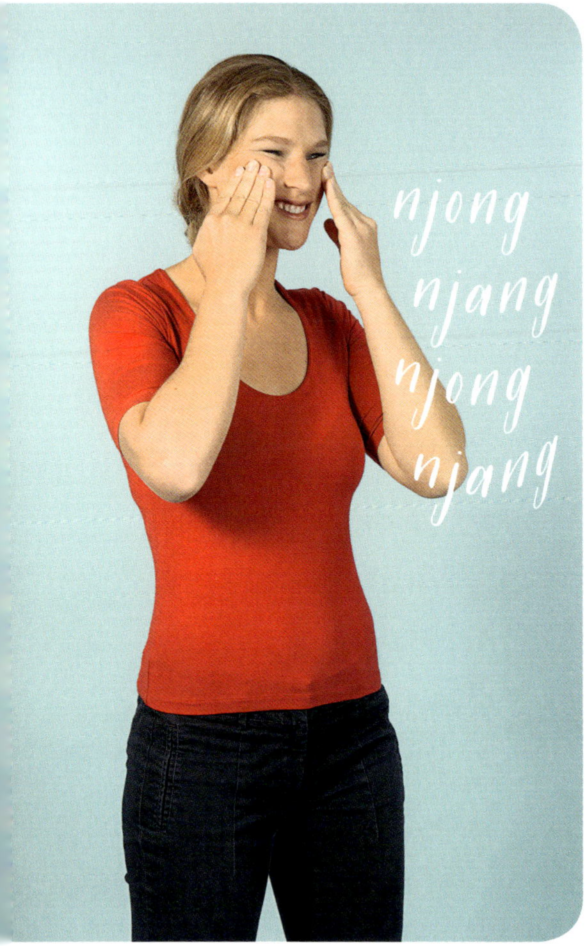

▲ Singen Sie die Endloschlaufe **»njong-njang ...«** und spüren Sie dabei Ihr Gesicht (Maske) vibrieren.

kurz & stimmig:
- Lippen sind fit
- Nase schwatzt mit
- Ich werde deutlich
- Es kommt an!

Klingende Maske

Ziel: Resonanzen in Gesicht und Maske aktivieren.

Start: Aufrecht stehend, Füße stehen hüftbreit auseinander.

Aktion:
● Massieren Sie Ihr Gesicht mit kleinen Kreisbewegungen Ihrer Finger, vor allem die Wangen und die Nasenregion. ● Sprechen Sie die Silben **njong-njang-njong-njang** in einer angenehmen Lage. Ihre Lippen- und Ihre Nasenmuskulatur sind hundertprozentig aktiv. ● Singen Sie auf diesen Silben die Töne der Quinte hinauf und wieder hinunter. ● Bilden Sie eine Endlosschlaufe **njong-njang-njong-njang** auf und ab. ● Beginnen Sie jeweils stufenweise einen Ton höher. Vielleicht werden Sie feststellen, dass Sie durch die »Resonanz in der Maske« plötzlich höher singen können als erwartet.

Dosierung: 2–3-mal auf jeder Stufe, bis das Sprechen geschmeidiger wird.

Aufgepasst: Schnell verwandelt sich das **Njongnjang** in ein **Nong nang** oder ein **Jong jang.** Bleiben Sie sehr deutlich in der Aussprache!

Der Schnabel des Tukans

Ziel: Tukan – wie bitte? Das ist der exotische Urwaldvogel mit dem riesigen, prächtig gefärbten Schnabel. Das Ziel der Übung: Aktivieren der Schnabelresonanz. Beim Homo sapiens: der Stirn- und Nasenresonanzen.

Start: Summen Sie mit **nnnnn**.

Aktion:
● Singen Sie abwechselnd **iiii** und **nnnn**. Spüren Sie, wie die Zunge den oberen Gaumen berührt und abdeckt, und wo die Luft entweicht. ● Singen Sie liturgisch, wie in der Kirche, den italienischen Satz: **La nonna Nina guarda la luna!** Übersetzt: Die Großmutter Nina beobachtet den Mond. ● Achten Sie auf die Bewegung der Zungenspitze und die Schwingungen in der Nasengegend. Stellen Sie sich vor, Sie hätten einen großen Tukan-Schnabel als Resonanzverstärker. ● Gehen Sie schrittweise höher und höher mit dem Ausgangston.

Dosierung: 4–5 Minuten, um heller und brillanter singen zu können.

Aufgepasst! Kiefer offen lassen. Die Lippen formen die Vokale überdeutlich.

Variante: Mit Fokus auf die Resonanz in Nase und Stirn auch tiefe Töne singen.

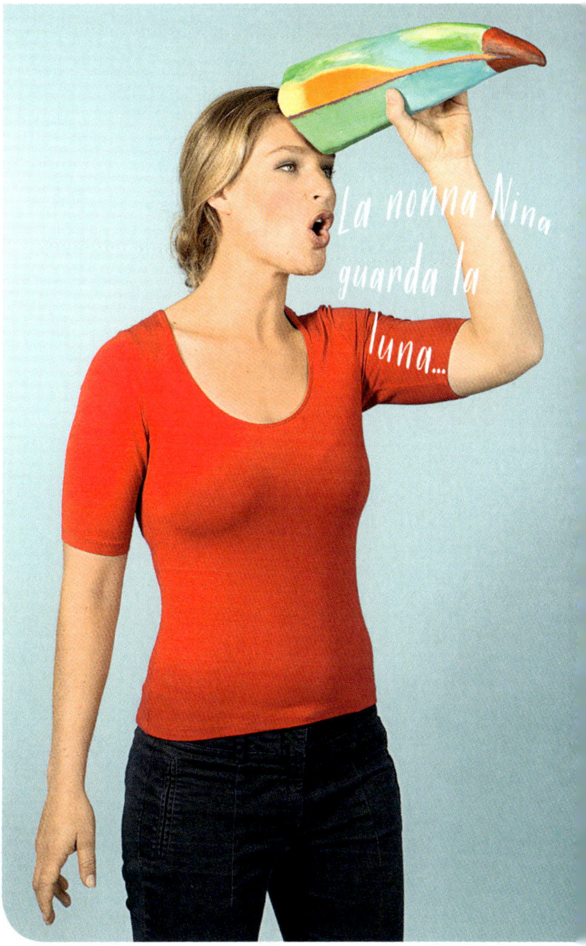

⌃ Die Schwingungen der Nasengegend intensivieren sich zum »Klangschnabel« des Tukans.

kurz & stimmig:
- Tukan
- Stirn vibriert
- Nase kitzelt
- Schnabel singt

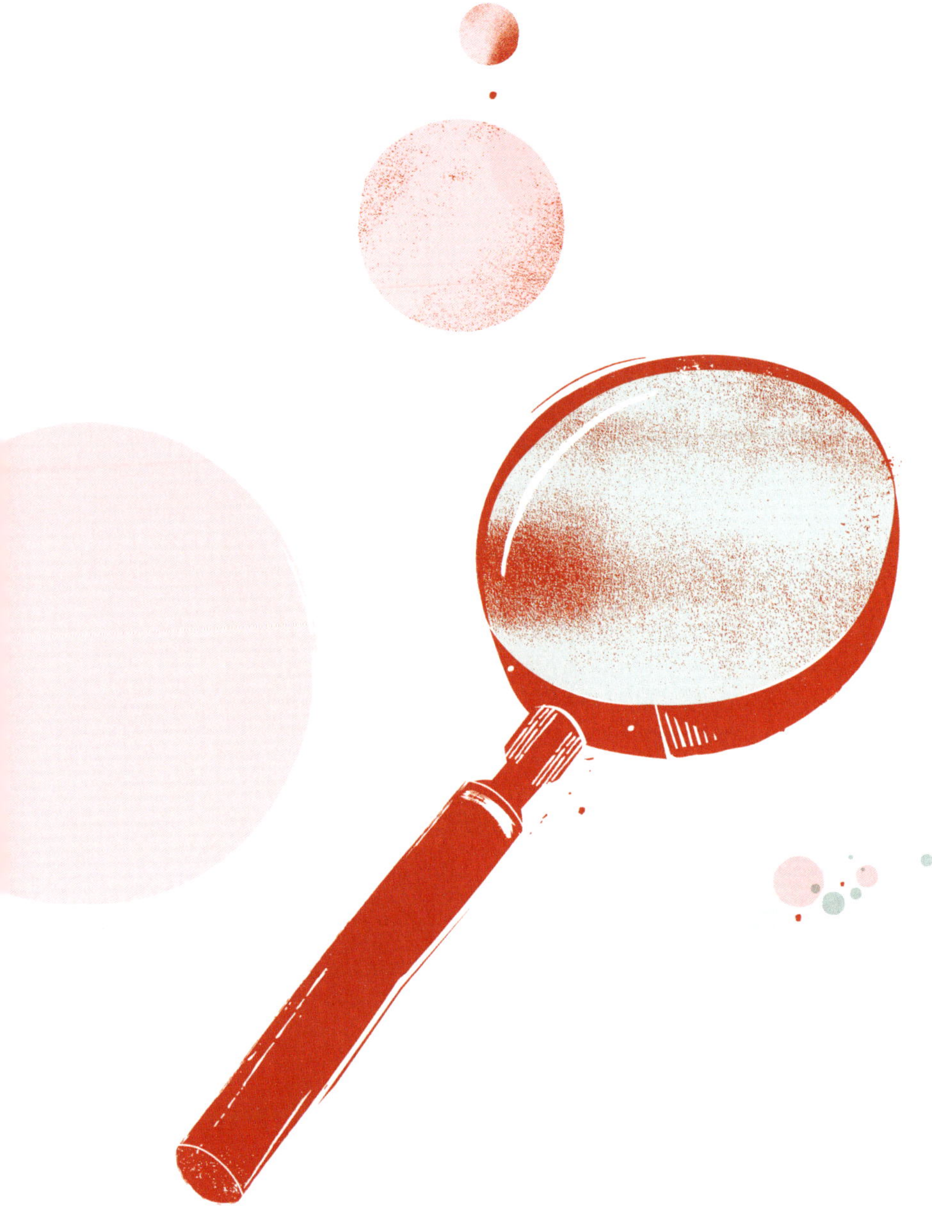

Artikulation

Lernen Sie Ihre vielen kleinen Muskeln in Gesicht und im Mund kennen. Und vor allem: Erfahren Sie, wie Sie sie nutzen können, um klar und deutlich zu singen.

» *Was die Lupe für das Auge – ist die Artikulation fürs Ohr.* «

Ich sitze in einem Kongress, ein Vortrag folgt monoton dem andern. Beschämt stelle ich fest, wie ich mehr am Auftritt der Sprecher interessiert bin als am Inhalt. »Ist das eine Berufskrankheit?«, frage ich mich und bemerke, wie schnell ich genervt reagiere, wenn jemand undeutlich spricht und ich akustisch nicht alles verstehe.

Kristallklare Aussprache

Jetzt tritt ein Mann im dunkelblauen Anzug auf die Bühne. Seine Stimme ist leiser als die der anderen, gleichzeitig spricht er sehr deutlich. Kristallklar. Ich merke, wie ich plötzlich wach werde, der Vortrag beginnt mich zu fesseln. Zunächst ist es sein Auftreten und im weiteren Laufe des Vortrags auch das, was er erzählt. Ich höre ihm gerne zu. Seine Sprache ist so deutlich, als ob ich mit der Lupe hören könnte. »Was die Lupe für das Auge ist, ist die Artikulation für das Ohr«, geht es mir durch den Kopf. Seine gute Sprechweise bringt den Inhalt erst zur Geltung. Als Zuhörende fühle ich mich verstanden, weil der Vortragende sich verständlich macht.

In diesem Kapitel möchten wir Sie aus dem Schatten hervorlocken! Es braucht Mut, deutlich zu sprechen – insbesondere, wenn Sie vor Publikum sprechen oder singen. Da braucht es eine gehörige

Portion Übertreibung! Richtig: Sie müssen übertrieben deutlich sprechen, damit Ihre Botschaft klar ankommt. Beim Singen gilt genau das Gleiche: Lieder sind gesungene Sprache.

Artikulation ist ein komplexer Vorgang. Es führt kein Weg am Wagnis vorbei, sich voll und ganz zu zeigen. Dafür erwartet Sie eine wunderbare Belohnung: Andere Menschen hören Ihnen gerne zu.

Anatomie: Annäherung an ein komplexes Thema

Artikulation entsteht durch Veränderung im Mund-Rachen-Nasen-Raum. Dieses »Hohlraumsystem« ist von den Lippen bis zur Stimmritze rund 16 Zentimeter lang. Die Stellung der Kiefergelenke bestimmt die Mundöffnung.

An der Formgebung beteiligt sind Lippen, Zunge, Gaumensegel, Kiefergelenk und Kehlkopf. Die Lippen formen Laute, Küsschen und Seifenblasen. Die Zunge vermag durch verschiedene Wölbungen nach oben, das »Hohlraumsystem« in einen vorderen und hinteren Abschnitt zu teilen. Die Stelle des kleinsten Durchmessers wird zum Artikulationspunkt: beim »a« hinten im Rachen, beim »i« vorn hinter den Zähnen. Explosive Konsonanten wie »p, b« und »t, d« entstehen durch eine Unterbrechung des Luftstroms, beim »p, b« durch die Lippen, beim »t, d« durch Zungendruck gegen den Gaumen. Das angehobene Gaumensegel verschließt den Rachen gegenüber dem Nasenraum – ausgenommen bei Nasallauten wie »n« und »m« und »ng«. Das Halszäpfchen ermöglicht die schwingende Zäpfchen-R-Lautbildung – im Gegensatz zum Zungenspitzen-R. Im Kehlkopf wird das »h« von »Haus« angehaucht, als feines Reibegeräusch der Luft direkt an der Stimmritze, beim »ch« zwischen Zungenrücken und hinterer Gaumendecke. Die Zähne sind passiv mitbeteiligt an der Formung von »s, z«, »sch« und »f, w«.

Die vielen kleinen Muskeln nutzen

Eine undeutliche Sprache, genuschelt und verwaschen, müssen Sie sich schlicht und ergreifend abgewöhnen – beim Sprechen wie beim Singen. Oder noch besser: Sie üben das Gegenteil! Sie lernen, glasklar zu artikulieren – was sich zu Beginn maßlos übertrieben anfühlen mag.

Achten Sie, wie sich die Silben und Wörter aus dem Zusammenspiel von Vokalen und Konsonanten ergeben. Lernen

❶ Beim Vokal »a«: Mundraum weit offen, Zunge liegt »flach«.
❷ Beim Vokal »i«: Mundraum ebenfalls möglichst offen. Die Zunge füllt den Mundraum, der Luftstrom schwingt in die Nasenhöhlen
❸ Die Konsonaten aktiv formen, mit Zunge hinten für »ng«, mit Lippen für »m/b/p«.
❹ Zungenspitze und Zungenrücken am Gaumen für »d/t« und »g/k«.

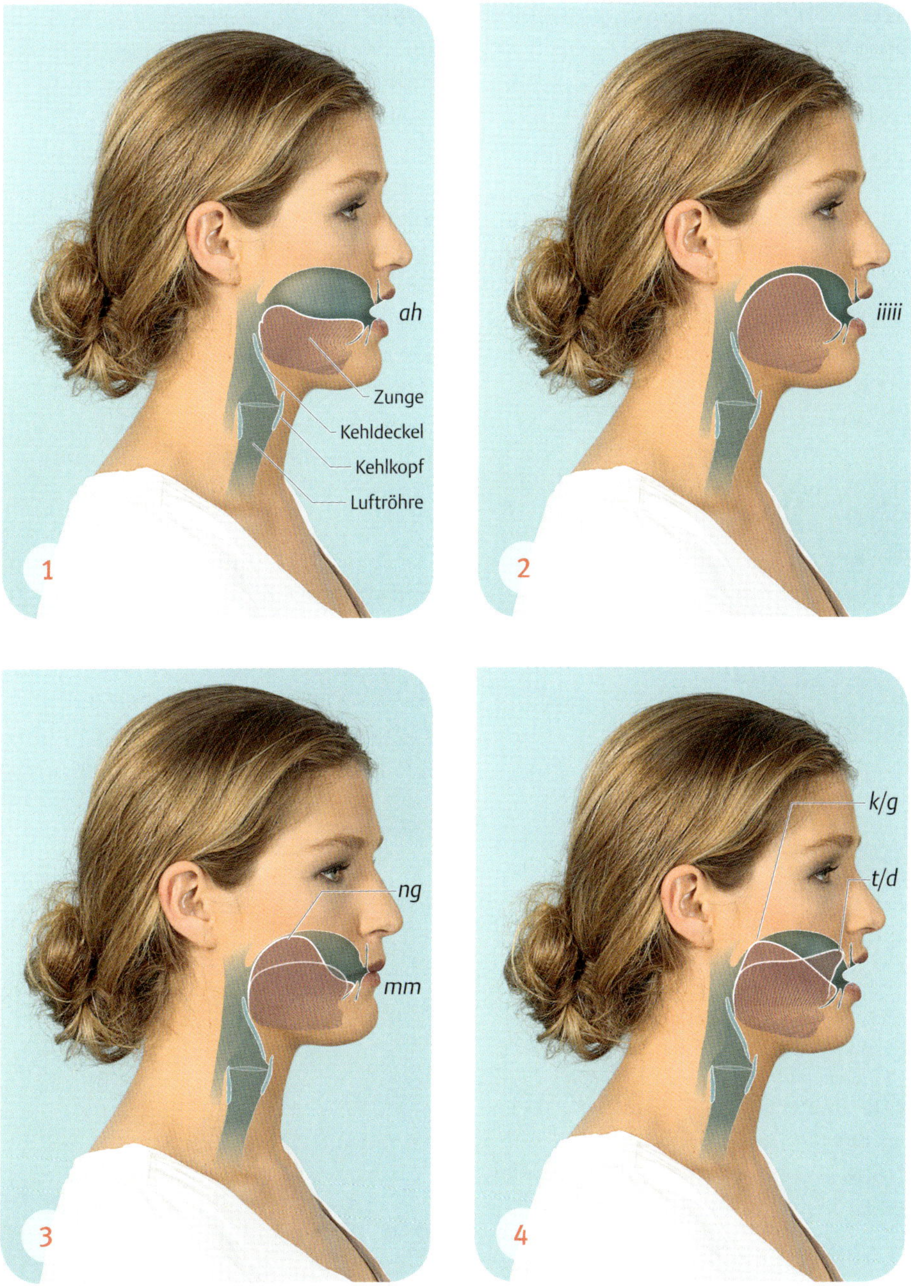
ah
Zunge
Kehldeckel
Kehlkopf
Luftröhre
1
iiiii
2
ng
mm
3
k/g
t/d
4

Sie die vielen kleinen Muskeln in Gesicht und Mund kennen und nutzen. Nur wenn Sie den Mund weit genug öffnen, können Lippen und Zunge ihre Arbeit kreativ und flink ausführen. Erinnern Sie sich an den Resonanzraum Mund, siehe auch Resonanz (Seite 55). Klang braucht Raum! Eine enge und eingeklemmte Stimme nervt, vor allem wenn sie mit Druck rauskommt. Darum gleich noch einmal: Machen Sie bitte den Mund auf! Wer ein »A« ausspricht, als wäre es ein »U«, hat schlechte Karten.

Nutzen Sie die Konsonanten am Wortende zum Abspannen, lesen Sie hierzu »Anatomie: Abspannen bedeutet reflexartiges Einatmen« (Seite 26). Am Silbenanfang dienen sie als Sprungbrett für die Vokale. Denn der Absprung entscheidet, wie weit der Weitspringer springen kann! Öffnen Sie danach die Vokale, damit der Ton in voller Klangfülle hinausfliegen kann.

Text, Melodie und Rhythmus – Gesang als klingende Sprache

Bringen Sie auch manchmal »kein Wort über die Lippen?« Kennen Sie Leute, die »mit gespaltener Zunge reden«? Der Volksmund weiß es: Die Sprache hat zu tun mit Ehrlichkeit und Wagemut! Genauso das Singen, oder man kann sagen: Beim Singen verraten wir erst recht, wie es uns innerlich geht!

Es ist unglaublich spannend zu beobachten, wie Kinder sprechen lernen. Das Ohr ist hier der Schlüssel! Wissenschaftler haben herausgefunden, dass der Kehlkopf schon beim Kleinkind Mikrobewegungen macht, wenn es Stimmen wahrnimmt. Bald schon macht es Geräusche aller Art. Es testet lustvoll alle Bewegungen des Mundes und plappert drauflos. Die Muttersprache prägt die Fähigkeit zur Aussprache von bestimmten Lauten. Das hat später großen Einfluss auf die Aussprache beim Sprechen und Singen von Fremdsprachen. Die Aussprache stellt in allen Sprachen eine spezifische Herausforderung dar.

Nicht in allen Stilrichtungen ist es dem Sänger wichtig, dass er verstanden wird. Melodie und Rhythmus haben – neben dem Text – einen zentralen Stellenwert. So ist in Pop und Rock die Musik als Ganzheitserleben viel wichtiger. In einer Ballade, im Rezitativ einer Oper oder gar beim Rappen bekommt die Aussprache eine hohe Bedeutung. Der Künstler vermittelt über den Liedtext Botschaft und Betroffenheit. Wer gehört und verstanden werden möchte, muss sich deutlich zum Ausdruck bringen.

Die Lust auszuprobieren – derrrr Tigerrrrr is brrrutal …

Nochmals zu den Kindern: Wenn kleine Kinder die Sprache entdecken, machen sie automatisch das Richtige, um die deutliche Aussprache zu üben. Sie probieren alle Laute und Geräusche aus mit den Lippen, der Zunge und mit der ganzen Gesichtsmuskulatur, auf eine so lustvolle Art und Weise, dass man den Blick kaum von ihnen wenden kann: Ein kleiner Junge entdeckt das rollende »Rrrr« und spricht deshalb alle Wörter mit »r« so aus, dass der runde Kopf bei jedem »Rrr« zu vibrieren scheint. Er genießt dies offensichtlich und wiederholt die Wörter bei jeder Gelegenheit. Am liebsten sagt er »furrrchtbarrr« und »brrrutal« und »Tigerrrr«.

Das Lustvolle an der Sprache können Sie sich wieder aneignen! Gebrauchen Sie alle Muskeln, die Ihnen im Gesicht zur Verfügung stehen, um Klänge zu formen, um Geräusche auszuprobieren, um Wörter neu auszusprechen. Gehen Sie auf Entdeckungsreise mit der Sprache und beobachten Sie, wie sich die Wörter dank übertriebener Artikulation spürbar in der ganzen Mundregion herumbewegen lassen. Der deutliche und bewusste Einsatz Ihrer Gesichts- und Mundmuskulatur während des Singens entlastet die gesamte Halsregion. Gleichzeitig gilt: Kehlkopf und Stimmbänder brauchen Halt, einen stabilen Bezugsrahmen. Mit der »Stütze« – der Kraft in Bauch und Beinen, siehe auch Stütze (Seite 45) – entsteht Halt unterhalb der Halsregion. Mit der konstant deutlichen Artikulation entsteht Stabilität oberhalb der Halsregion. Die »Saiten Ihrer Stimme« sind sozusagen oben und unten »befestigt«. Sobald Sie undeutlich artikulieren, wird das Singen für den Kehlkopf anstrengend. Es kann sein, dass Sie deshalb heiser werden.

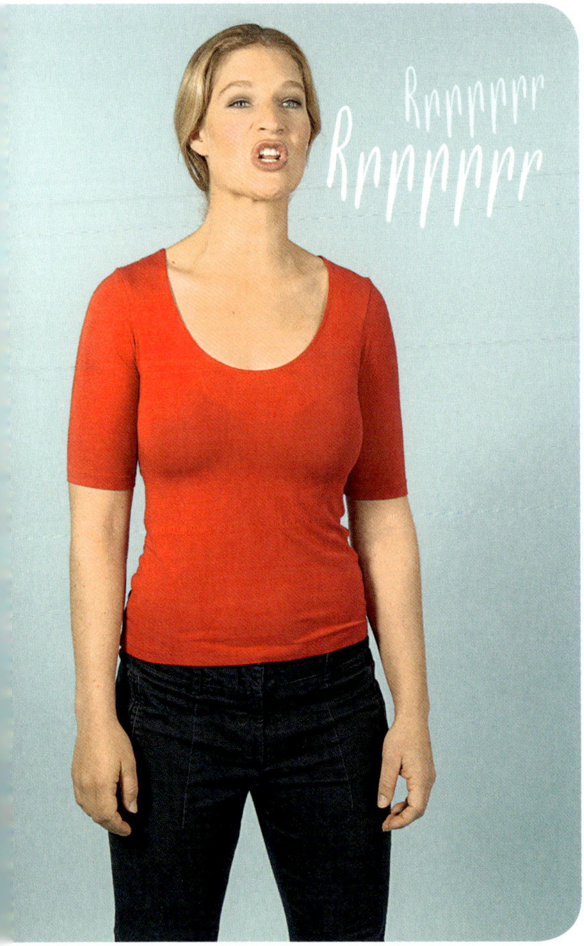

^ Rollen Sie das **Rrr** laut, deutlich und anhaltend auf einem Ton. Abspannen und erneut ansetzen.

kurz & stimmig:

- Zunge sprudelt
- Lippen perlen
- Gaumen prickelt
- Klipp und klar

Das rollende Rrrrrr auf der Achterbahn

Ziel: Artikulation der Zungenspitze verbessern.

Start: Ihre Zungenspitze liegt oben am Gaumen, hinter den Zähnen.

Aktion:

- Rollen Sie ein **Rrr** laut deutlich und anhaltend auf einem Ton. Machen Sie dazu ständig wechselnde Grimassen.
- Singen Sie das **Rrr** wie eine Sirene hinauf und hinunter, bewegen Sie die Lippen dabei wie ein Fisch auf und zu.
- Singen Sie die Tonleiter mit **Rrr** bis zur Quinte auf und ab, dann zur Oktave.

Dosierung: Einige Sekunden ununterbrochen das **Rrr** rollen, dann Zwerchfell abspannen und erneut ansetzen. Siehe auch Seite 26 und Übung Seite 31.

Aufgepasst! Nicht zu hart pressen! Das **Rrr** soll fein und ungebremst rollen.

Tipp: Möchten Sie das rollende R lernen? Es braucht nur etwas Übung: Sprechen Sie das Wort **»Bdötchen«** schnell und deutlich hintereinander, mit ganz kleinem Mund. Mit der Zeit wird **»Brrrötchen«** daraus!

Pack den Ton!

Ziel: Die eigene Gesichtsmuskulatur in der Sprache und im Gesang erleben.

Start: Das ganze Gesicht, vor allem Nase und Mund, mit verschiedenen Grimassen lockern.

Aktion:
● Sprechen Sie den Satz: **Onkel Ulrich tobt im Untergrund** überdeutlich aus. ● Formen Sie jedes **O** und jedes **U** spürbar mit den Lippen, als wären die Lippen kleine Hände, die die Luft greifen. ● Ahmen Sie die Bewegung mit den Fingern nach. Fühlen Sie, wie die Lippen die Luft greifen. ● Füllen Sie jedes **L**, jedes **D** und jedes **B** mit Klang. ● Singen Sie diesen Satz mit erfundenen Melodien, immer wieder die Luft mit den Lippen greifend.

Dosierung: 5–10-mal, mal lauter, mal leiser.

Aufgepasst! Wenn Sie sehr leise sprechen, machen die Gesichtsmuskeln tendenziell nicht mehr so aktiv mit. Werden Sie deshalb noch deutlicher, wenn Sie den Satz leise sagen oder singen.

Variante: Sagen und singen Sie diesen Satz: »**Am Sonntag kam Dora, als Olga fort war**«. Oder Sie machen gleich mit im »tonlosen Fischchor«: Mund auf und zu mit A und O.

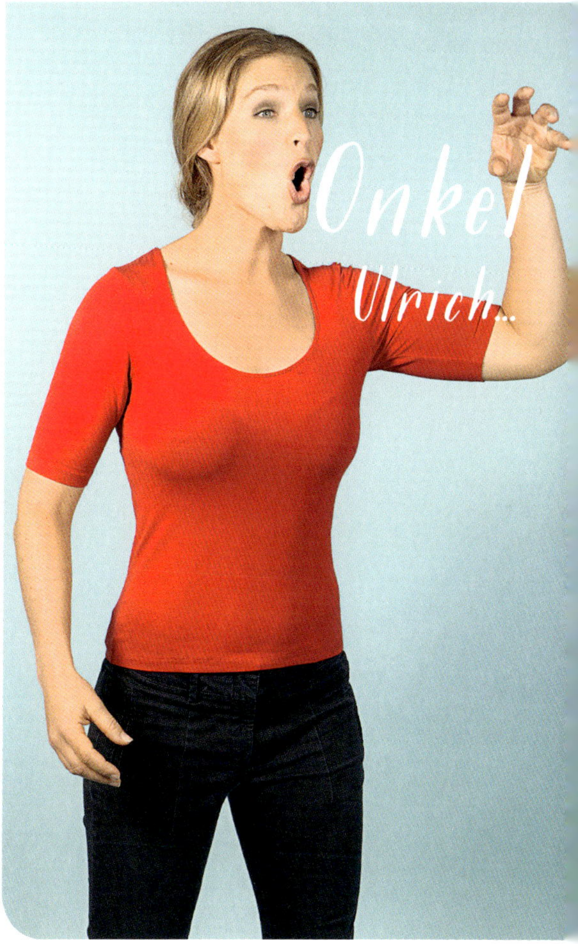

Formen Sie jeden Vokal spürbar mit den Lippen, als wären die Lippen Hände, die die Luft greifen.

kurz & stimmig:
- Lippen packen zu
- Nase macht mit
- Ton findet Halt
- Ich forme die Sprache

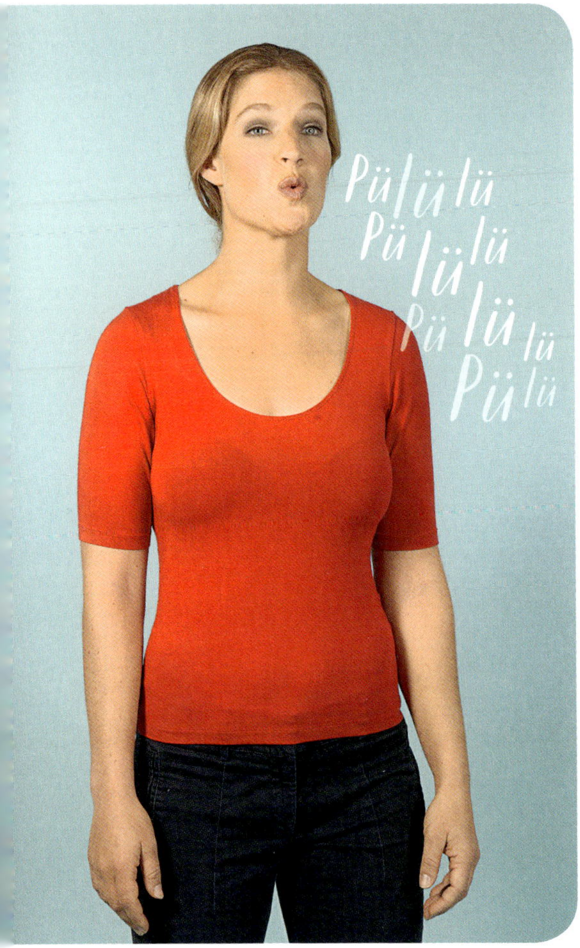

⮝ Sprechen Sie überdeutlich. Werden Sie schneller, ohne die Aussprache zu verwässern.

kurz & stimmig:

- Lippen spicken
- Zunge tanzt
- Mund läuft rund
- Mein Schnabel ist gewetzt

Schnellschwatz für Lippen und Zunge

Ziel: Mit Sprechsilben schnell artikulieren lernen.

Start: Kiefer, Gesichts- und Mundmuskulatur lockern.

Aktion:

● Sagen Sie mehrmals hintereinander **pülülü – pülülü – pülülü**. Die Lippen sind zu einem Kussmund geformt. Steigern Sie die Geschwindigkeit, spüren Sie die Sprungkraft des **P** an den Lippen und des **L** mit der Zungenspitze am vorderen Gaumen. ● Dann auf Englisch: **red leather, yellow leather** (rotes Leder, gelbes Leder). Fangen Sie überdeutlich an. Steigern Sie die Geschwindigkeit, ohne die Aussprache zu verwässern. ● Singen Sie diese Sprechsilben auf einer einfachen Melodie in mittlerer Tonlage. Gehen Sie halbtonweise hinauf und hinunter.

● **Dosierung:** 5–10-mal jeden Satz wiederholen.

Aufgepasst: Nicht »so schnell wie möglich«, sondern »so deutlich wie möglich« – bei steigender Geschwindigkeit. Muskel immer mal entspannen.

Variante: Sprechen Sie einen Liedtext mit übertriebener Aussprache, im Rhythmus der Komposition. Super zum Auswendiglernen von Texten!

Der springende Ton

Ziel: Die Konsonanten als Sprungbrett für die Vokale einsetzen.

Start: Kiefer lockern, Mund öffnen mit Gähnspannung – als ob Sie gähnten.

Aktion: Das Zeichen »V̥« bedeutet Abspannen, siehe Seite 26 und Übung Seite 31.

● Sprechen Sie leicht und knackig folgende Silben **pala-pala-pa!** V̥, **pala-pala-po!** V̥, **pala-pala-pe!** V̥, **pala-pala-pu!** V̥, **pala-pala-pi!** V̥. Das **P** schließt kurz den Mundraum vorn, der Mundraum hinten bleibt dabei offen, das **P** lässt los und ein offenes **A** erklingt. Die Zungenspitze übernimmt mit dem **l** und spickt zum offenen **a/o/e/u/i**. ● Singen Sie jetzt mit diesen Silben drei Töne hinauf und hinunter jeweils einen Halbton höher. ● Sprechen und singen Sie die Silben **kana-kana-ka!** V̥ mit **a/o/e/u/i** am Schluss. Spüren Sie, wie die Bewegung im geöffneten Mund von der Zungenspitze zum hinteren Teil der Zunge wechselt.

Dosierung: 1-mal sprechen und singen.

Aufgepasst! Der Mundraum bleibt offen, Sprechwerkzeuge springen flink.

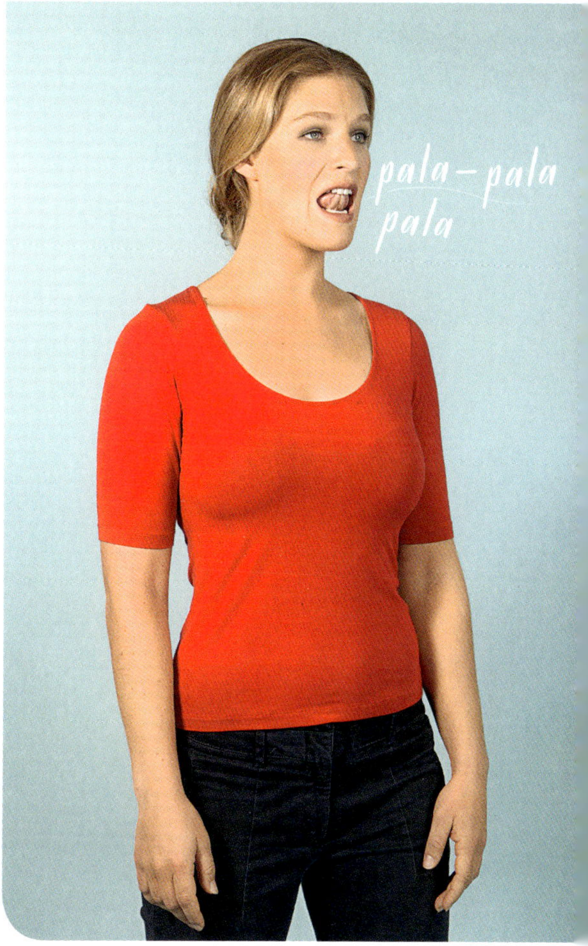

»**P**« schließt kurz den Mundraum, spickt wieder auf, ein offenes »**A**« erklingt.

kurz & stimmig:
- Lippen federn
- Zunge springt
- Töne perlen
- Wörter purzeln

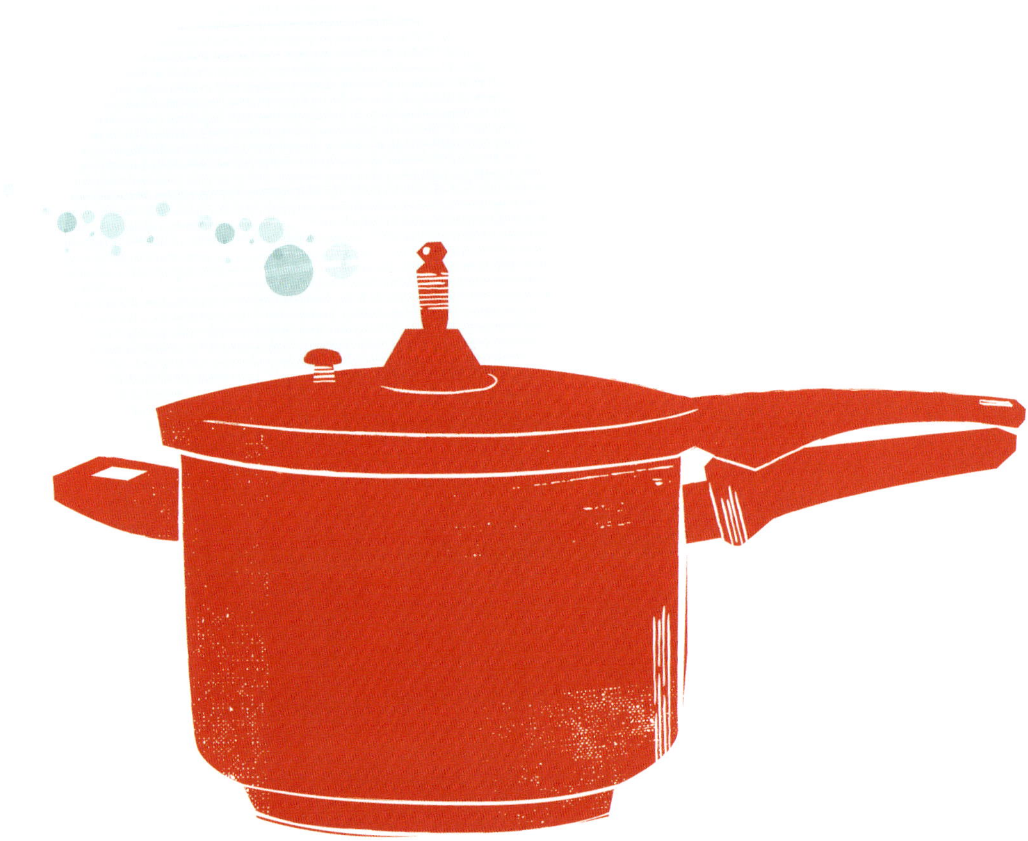

Volumen

Haben Sie schon einmal daran gedacht, in den Keller zu gehen und ganz laut zu schreien? Um die Stimme zu trainieren, ist das ein ganz probates Mittel.

» *Kein Stimmvolumen ohne Körperspannung.* «

»Du musst jetzt kommen, es geht gleich los!« Ich durfte bei der Hausgeburt des dritten Kindes einer Freundin dabei sein. Als ich in der Wohnung ankam, stand sie aufrecht, die Arme an die Wand gestützt, und sang dabei ganz leise, hohe und etwas weinerliche Töne. Sie hat nie eine besonders laute Sprechstimme gehabt, deshalb erstaunte mich dies nicht. Was danach geschah, hat mich umso mehr erstaunt: Als die Geburt losging, wurden ihre Töne lauter. Kurz bevor der Kopf des Kindes erschien, erfasste ein Urschrei den ganzen Körper der zierlichen Frau – der Aufschrei ging mir durch Mark und Bein! Der Schrei war so laut, passend und wohltuend – wie der erlösende Donner nach einem grellen Blitz!

Im (Ur-) Schrei liegt die Kraft ...

Ich erkannte: Für die Lautstärke der Stimme muss »Druck« aufgebaut werden. Kein Stimmvolumen ohne entsprechende Körperspannung. Es ist genau wie beim Dampfkochtopf: Es brodelt in seinem Innern, die Hitze nimmt zu, der Druck steigt, der zunächst leise Pfeifton wird lauter und lauter, bis er schrill das Gehör zu zerschneiden droht.

In diesem Kapitel möchten wir Sie aus Ihrer Komfortzone locken! »Laut werden« bedeutet, dass Sie absichtlich Ihre Scheu überwinden und Ihre vornehme Zurückhaltung ablegen, um bewusst und gezielt die Möglichkeiten Ihrer Stimme auszuloten und herausfordern. Auch wenn Sie überzeugt sind, von Natur aus scheu und introvertiert zu sein: Lautstärke steckt auch in Ihnen, Sie müssen sie nur zur Welt bringen. Die Entdeckung der Lautstärke ist eine Geburt. Schreien Sie sich frei! Um laut zu üben, suchen Sie sich am besten einen Ort, an dem Sie niemand hört – Keller, Berghütte, ein leerstehender Kindergarten am Abend. Gewöhnen Sie sich an Ihre Stimme, laut und unkontrolliert, damit die Töne frei, ungebremst und ohne Muskelverkrampfungen ihren Weg nach oben finden.

Anatomie: Die Körperspannung regelt das Volumen

Warum pfeift der Dampfkochtopf? Richtig: Weil der im Kessel aufgebaute Druck das Ventil zum Pfeifen bringt. Beim Singen wird der gleichmäßige Druckaufbau im Bauchraum erzeugt. Nicht im Brustkorb, der bleibt beim lauten Singen weitgestellt, der Brustkorb behält seine Einatmungstendenz bei. Der Dampfkochtopf besitzt rundherum ein druckstabiles Gehäuse, genau so muss der menschliche Körper dem Druckanstieg rundherum standhalten.

Die Ganzkörperspannung regelt das Volumen beim Singen. Perfekte, weil natürliche Beispiele für laute Töne sind das Schreien und Lachen von Kindern.

Jetzt zum Unterschied zwischen Mensch und Dampfkochtopf: Beim Menschen wird der »Pfeifton« der Stimmritze durch Resonanz verstärkt. Im Mund-Nasen-Rachen-Raum entstehen »stehende Klangwellen«, die der Stimme Kraft und Volumen verleihen. Die Volumenplus-Formel lautet »maximale Resonanzverstärkung bei sparsamer Druckerhöhung«. Die Stimme wird bei offenem Mund auf-

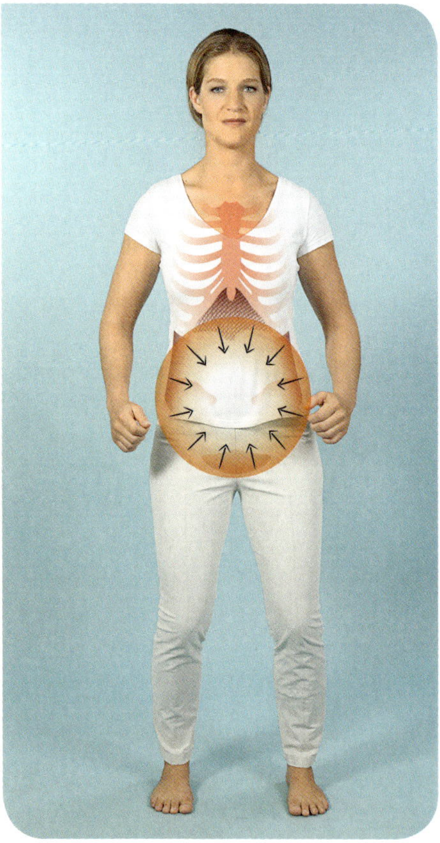

Druckerhöhung und Stimmvolumen finden im Bauchraum statt.

grund der Resonanzverstärkung lauter, nicht weil mehr Schall herauskommt. So gesehen könnte das Druckventil des Dampfkochtopfs durch eine Orgelpfeife ersetzt werden – dann stimmt das Bild.

Fazit: Die Druckerhöhung findet im Bauchraum statt und manifestiert sich als Ganzkörperspannung. Der Brustkorb behält seine Inspirationstendenz. Die Volumenzunahme entsteht zusätzlich durch Resonanzverstärkung im Mund-Nasen-Rachen-Raum.

Lautstärke auf die falsche Art strapaziert die Stimme

Rund 10 Prozent der Sänger sind betroffen. Das Fachwort lautet »funktionelle Dysphonie«. Der Begriff weist auf die funktionelle Natur der Störung hin: Der Stimmeinsatz bereitet Mühe und klingt leicht belegt bis heiser, die Intonation verliert ihre gewohnte Sicherheit, das Einsingen beansprucht mehr Zeit, das Singen mehr Kraft, die Muskeln im Halsbereich sind verspannt. Mit der Zeit kommt es dann zu Verdickungen der Stimmbänder, Polypen und Schleimhautblutungen, die allesamt nur der Facharzt einsehen kann.

Die Ursachen sind komplex. Eine mangelhafte Gesangstechnik ist die Regel: zu viel Luftdruck, zu viel Spannung, zu viel Pressen, zu viel Anstrengung – oder am falschen Ort. Auch Persönlichkeit, Körperbau, autonomes Nervensystem, psychoemotionale Verfassung, Belastbarkeit, Lebensgewohnheiten, künstlerische Empfindsamkeit usw. spielen eine Rolle.

Es ist genau wie beim Sport: Falsches oder zu viel Training führt zu Übertraining und Leistungseinbußen. Es gilt, die eigene Technik zu hinterfragen und frühzeitig fachkompetente Hilfe einzuholen.

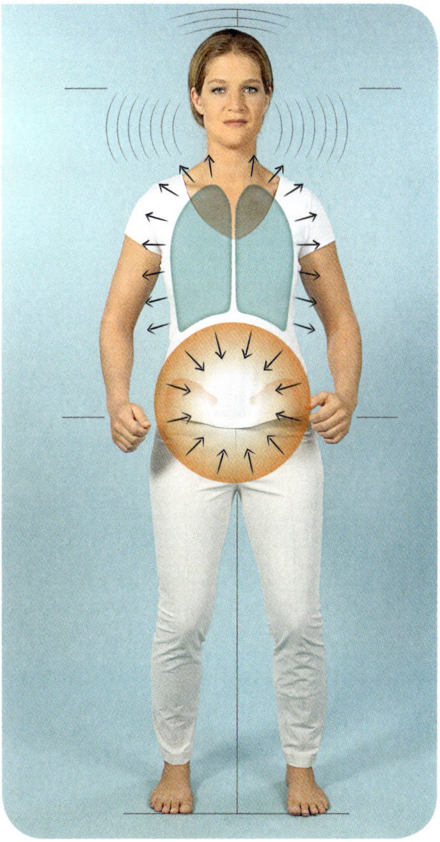

Was das gespannte Segel für das Segelschiff ist, ist die Körperspannung für das Singen.

Fazit: Ungünstig für die Stimme sind schlaffe Körperhaltung und fehlende Rumpfkraft, forcierte Ausatmungstendenz im Brustkorb mit zu hohem Anblasdruck unterhalb der Stimmritze, verspannte Hals- und Gesichtsmuskulatur, ungenügende Resonanzverstärkung im Nasen-Rachen-Mund-Raum.

Für Volumen braucht's Mut!

»Sie hat eine GROSSE Stimme«, heißt es, wenn eine Sängerin laut und voluminös singt. Wir bewundern den Mut und die Kraft solcher Stimmen. Sie wirken mächtig und berühren durch schiere Intensität. Ja, hier getraut sich jemand, seine Kraft und Gefühle herauszulassen. Das können Sie auch!

Bauen Sie eine starke Präsenz und genügend Spannkraft im Bauch auf. Keine Angst vor Power! Getrauen Sie sich, Ihre lauten Töne zu gebären! Wenn Ihr Gesang von starken inneren Emotionen und Geschichten getragen wird, kommt das durch Körperhaltung, Atem, Resonanz und Stimmfärbung ganz unmittelbar zum Ausdruck. Ihre Stimme manifestiert mittels Volumen und Strahlkraft die zugrunde liegende Gefühlsintensität. Ähnlich wie beim Dampfkochtopf und dem Pfeifton. Verinnerlichen Sie dieses Bild! Es ist ein gutes Hilfsmittel, um beim nächsten Mal lustvoll laute Töne singen zu können.

Nebenbei: Große Stimmen müssen auch leise singen können. Laut Singen ist lernbar – leise Singen eine Kunst! Sie können leise singen lernen und dennoch Klangfülle in den Raum senden. Schicken Sie auch die feinsten Töne mutig weit in den Raum hinaus. Wie gesagt: Es erfordert Mut, sich klanglich zu zeigen. Mit allem, was in Ihnen steckt: Zartheit, Kraft und Lust …

Von der Lust am Lautwerden

Gleich wie der Pfeil zum Fliegen den ganzen Körpereinsatz braucht, benötigen Ihre Töne den vollen Körpereinsatz, damit sie »fliegen« können, damit sie in die Weite strahlen und ihr Ziel erreichen können. Ein lauter Ton entsteht mit viel Energie im Unterbauch und mit erhöhtem Kraftaufwand im ganzen Körper. Möbelpacker machen es vor: Sie schreien, wenn die Last überschwer ist und Sie entsprechend mehr Körperspannung aufbauen müssen. Jeder Mensch macht das so: mehr Spannung, mehr Druck, damit ein Schrei entsteht. Damit die Töne lauter werden, setzen wir mehr Kraft aus dem Körper ein. Oft macht der Körper aber nicht von sich aus mit. Er muss liebevoll und auf einleuchtende Art überzeugt werden, aktiv mitzuspielen.

Praktisches Beispiel: Heben Sie während des Singens einen Stuhl leicht vom Boden an. Der Körpereinsatz manifestiert sich in einem lauter werdenden Ton. Oder Sie gehen während des Singens im Raum umher und beobachten dabei, wie Ihr Singen plötzlich ins Fließen kommt! Oder Sie stoßen während des Singens eine Wand weg und beobachten dabei, wie der ganze Körper an der Entstehung des Tons beteiligt ist. Wenn Sie das öfters tun, wird Ihr Körper immer leichter mitspielen. Eine Portion Mut und Lust zum Auffallen durch laute Töne kann ganz hilfreich sein. Mit der Zeit brauchen Sie die Wand und die Stühle nicht mehr. Sie haben das Lautwerden verinnerlicht, es sich einverleibt im wahrsten Sinne des Wortes.

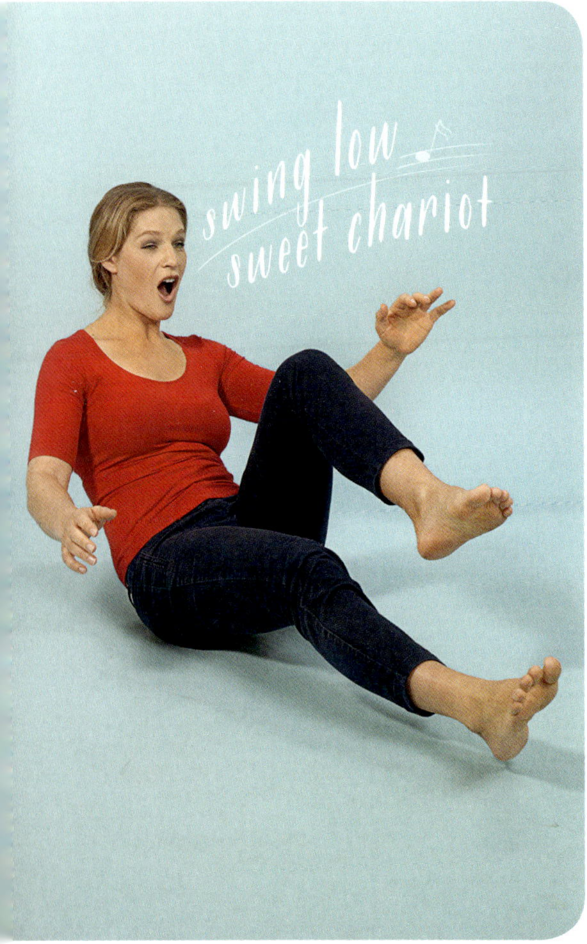

Um den Rumpf weiter zu stabilisieren, balancieren Sie auf Ihrem Gesäß und heben Sie zusätzlich die Arme.

Bärensitz

Ziel: Aktivierung der Bauchmuskulatur während des Singens.

Start: Setzen Sie sich bequem auf den Boden, am besten auf einen Teppich.

Aktion:
● Stützen Sie sich seitlich mit den Händen ab, Beine in die Höhe. ● Singen Sie ein Lied und bewegen Sie dabei die Beine in der Luft. ● Spüren Sie den Einfluss der Bauchmuskulatur auf Ihre Töne. ● Zum Einatmen Beine abstellen; kurze und längere Singphasen lösen sich ab. ● Um die aktive Rumpfstabilisierung zu steigern, heben Sie zusätzlich die Arme; balancieren Sie auf Ihrem Gesäß und strampeln Sie in der Singphase wie ein Bär mit allen vieren in der Luft.

Dosierung: Tun Sie das einfach so lange, wie es Spaß macht und Ihre Bauchmuskeln die Übung gern mitmachen.

Aufgepasst! Der Bauch darf vor lauter Spannung nicht hart werden.

Variation: Führen Sie die Übung seitlich auf einem Stuhl sitzend durch.

kurz & stimmig:
- Kraft aus der Mitte
- Dort ist die Quelle
- Aus der Quelle
- Sprudeln die Lieder

Dampfkochtopf

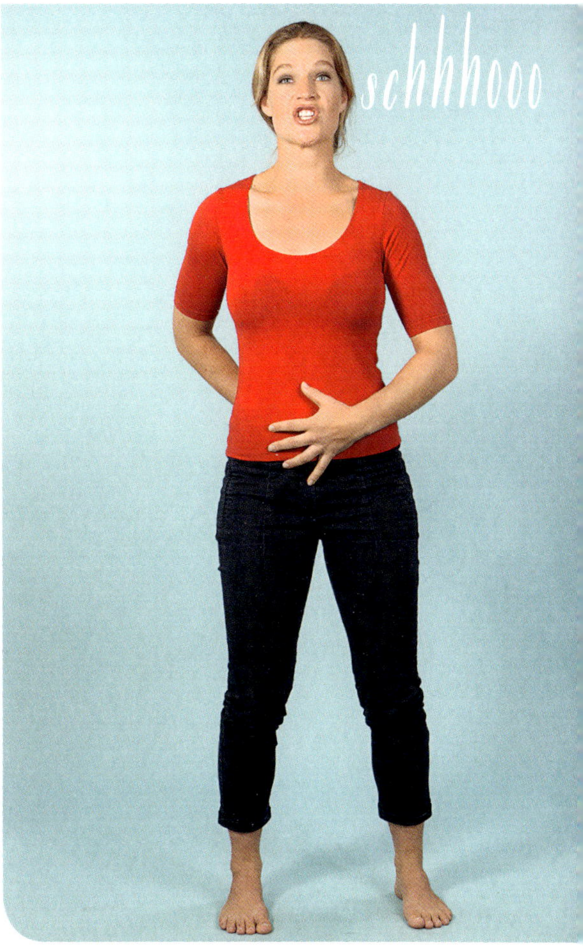

Ziel: Laut singen mit Kraft aus dem Bauch.

Start: Stehen Sie hüftbreit und machen Sie ein paar Hüftkreise in jede Richtung.

Aktion: Das Zeichen »V̩« bedeutet Abspannen, siehe auch Seite 26 und Übung Seite 31.

● Legen Sie eine Hand vorn auf den Bauch, die andere hinten auf den unteren Rücken. Wärmen Sie Ihre Mitte mit Zischlauten wie **schhhhhh V̩, schhhhhhh V̩, schhhhh V̩**. Zischen Sie wie das Ventil eines Dampfkochtopfs. Spüren Sie dabei die Kraft in der Bauchdecke und das Loslassen beim Abspannen. ● Singen Sie auf einer mittleren Tonhöhe: **schaaaaa V̩, schoooooo V̩, schooooone meine Nerven! V̩**. ● Spüren Sie, wie sich die Wärme und der Druck im Bauchraum aufbauen. Singen Sie stufenweise höher hinauf. ● Erfinden Sie auf diese Silben eine einfache Melodie, mit der Sie langsam in die Höhe gehen.

Dosierung: 1–2-mal auf jeder Tonlage, so hoch hinauf wie es Ihnen angenehm ist.

Aufgepasst! Achten Sie darauf, dass die Kraft wirklich aus dem Bauch kommt, sonst schmerzt der Hals.

Zischen Sie wie ein Ventil. Spüren Sie die Kraft in der Bauchdecke und lassen Sie den Ton fliegen.

kurz & stimmig:

- Ich singe
- Ich werde laut
- Ich darf das
- Fühlt sich gut an

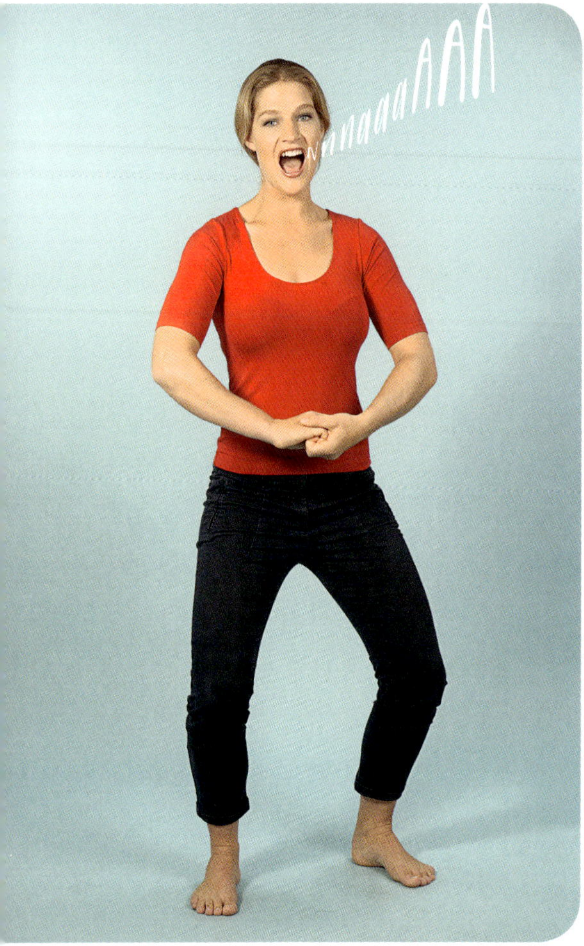

Bauen Sie für kräftige Töne die Ringspannung auf.

kurz & stimmig:

- Spannkraft
- Zug um Zug
- Ton um Ton
- Mein Klang wird voll

Ringkraft pur

Ziel: Mithilfe eines Kraftringes gesundes Volumen aufbauen.

Start: Hüftbreite Fußstellung, die Knie leicht federnd.

Aktion: Das Zeichen »V̩« bedeutet Abspannen, siehe auch Seite 26) und Übung Seite 31.

- Haken Sie die Fingerendglieder beider Hände ineinander. Die Hände liegen unterhalb des Bauchnabels. Hände, Arme und Schultern bilden einen Ring.
- Atmen Sie ein und ziehen Sie beim Ausatmen die Hände auseinander, ohne die Finger zu lösen. Spüren Sie, wie sich die Spannkraft von den Fingern auf die Arme und auf den ganzen Rumpf weiterpflanzt. Lassen Sie beim Einatmen die Ring-Spannung wieder los.
- Singen Sie auf mittlerer Tonlage **NnnaaaAAAA V̩, nnoooOOOO V̩**. Fangen Sie mit sanftem Ton und leichten Zug an. Steigern Sie kontinuierlich den Zug, der Ton nimmt entsprechend an Volumen zu!

Dosierung: 3–5-mal beim Einsingen. Wann immer Sie Spannkraft für charaktervolle laute und leise Töne benötigen.

Aufgepasst: Die Hände bleiben unterhalb des Bauchnabels. Das hilft, die Spannung aufzubauen, wie sie benötigt wird: der Brustraum als Luftraum.

Nimm den Raum! Füll den Raum!

Ziel: Über Körperhaltung und Visualisierung den Raum füllen.

Start: Hüftbreite Stellung, die Knie leicht federnd.

Aktion: Das Zeichen »V« bedeutet Abspannen, siehe auch Seite 26) und Übung Seite 31.

● Spüren Sie den Boden unter den Füßen. Richten Sie sich königlich auf, mit einer imaginären Krone auf dem Kopf. Strecken Sie die Arme vor den Körper gerade nach vorn. ● Öffnen Sie die Arme von der Mitte her langsam seitwärts aus und singen Sie dabei auf einem Ton: **Schaaoou! Schau maaal! V Schau mal daaaa! V**. Beim letzten Ton sind die Arme ganz offen. ● Singen Sie ein klangvolles **Halleluja! V Halleluja! V**« in beliebiger Melodie mit gleicher Armbewegung. Stellen Sie sich eine riesige Kirche vor, die Sie füllen möchten. Senden Sie den Klang Ihrer Stimme bis in den hintersten Winkel.

Dosierung: 2-mal zum Einsingen. Testen Sie so den Raumklang vor dem Auftritt.

Aufgepasst! Den Klang aus der vollen Körperresonanz senden, nicht nur aus dem Hals.

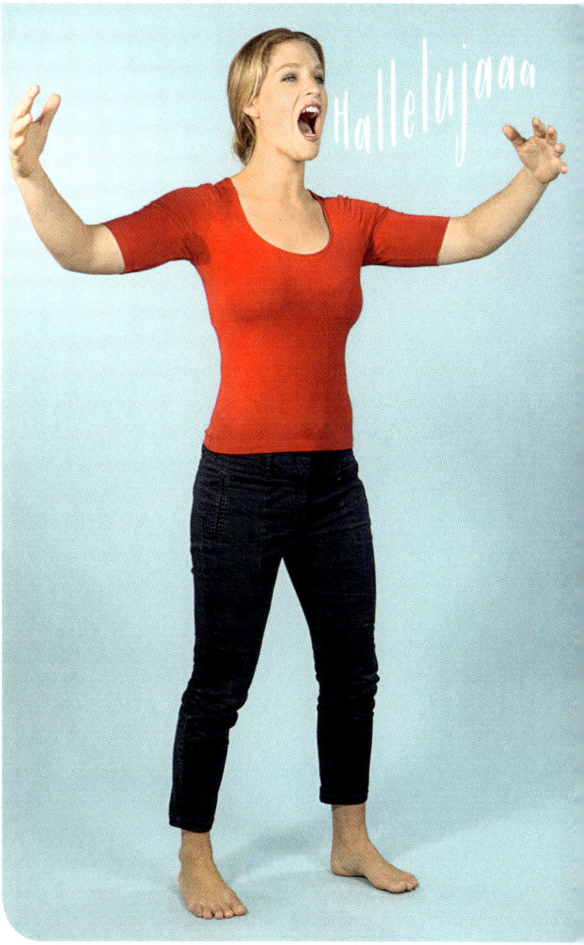

Richten Sie sich auf, als trügen Sie eine Krone. Breiten Sie während des Singens langsam die Arme aus.

kurz & stimmig:
- Weite im Innern
- Körper klingt mit
- Weite im Außen
- Raum klingt mit

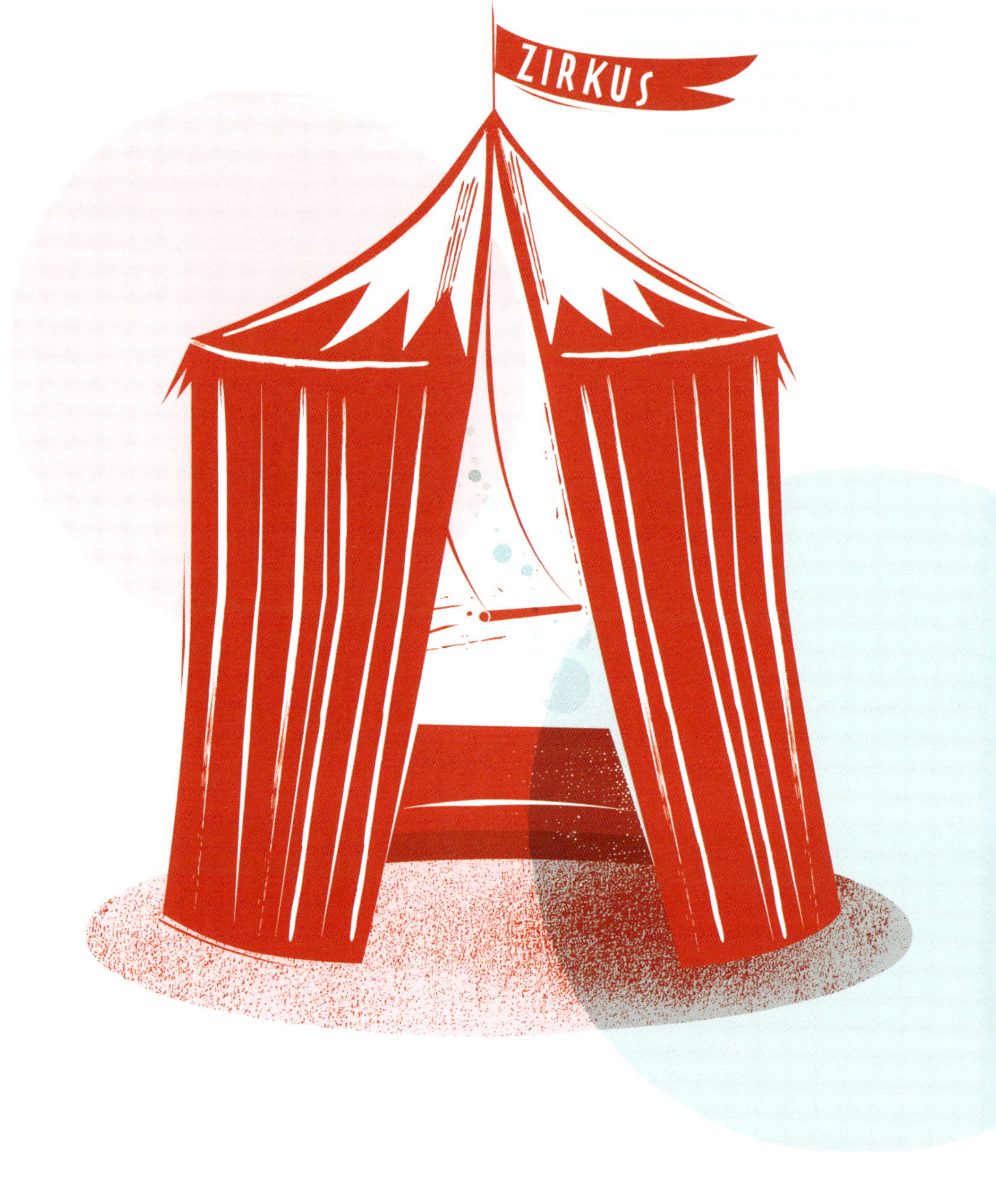
ZIRKUS

Höhen und Tiefen

Steigen Sie tief mit Ihrer Stimme hinab, um dann umso höher zu fliegen. Lassen Sie Ihren Kehlkopf tanzen – und nutzen Sie das Prinzip des Gegenzugs.

» *Mit der Stimme ist es wie mit dem Leben: Beide bestehen aus Höhen und Tiefen.* «

Ich sitze im Zirkus. Es wird dunkel. Beim anschwellenden Trommelwirbel schwingt sich die Trapezkünstlerin schnell, geschickt und scheinbar mühelos auf den schwingenden Stab. Ich staune, mit welcher Leichtigkeit sie in die Höhe kommt, wie sie am Trapez hin und her, auf und ab schwingt … Wie sie ihre Bewegungen perfekt ausbalanciert.

Zauberformel: ohne Anstrengung!

Der Kehlkopf funktioniert beim Singen ähnlich wie das Trapez unter dem Zirkuszelt: Hochgezogen ist er nur minimal beweglich. Erst wenn der Kehlkopf in den weit offenen Rachenraum heruntergelassen wird, kann er, wie die Trapezkünstlerin im offenen Zirkuszelt, seine Kunststücke vollführen. Hohe und tiefe Töne entstehen dadurch, dass der Kehlkopf in seiner Aufhängung flexibel vor- und zurückwippen kann. Darauf reagieren die Stellmuskeln in seinem Innern und spannen die Stimmbänder für unterschiedliche Tonhöhen. Bleibt der Kehlkopf möglichst weit unten, wird mehr Resonanzraum im Rachen frei. In der Stimmschulung lernen Sie, den Kehlkopf möglichst weit unten zu belassen, indem Sie alle zugehörigen Muskeln entspannen.

Zurück zum Zirkus: Die Künstler am Vertikalseil veranschaulichen, wie hohe

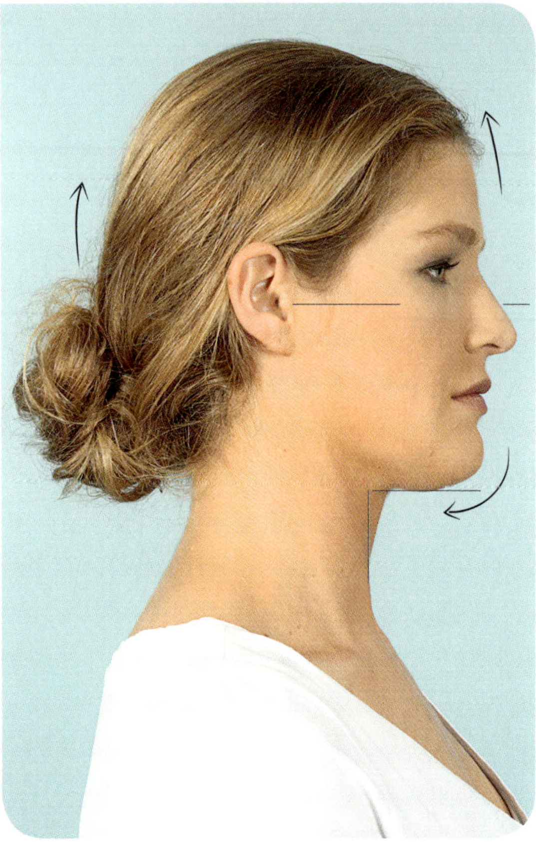

▲ Hoch singen: Spannkraft ohne Anstrengung – auch im Gesicht – dank langem Nacken, offenem Blick und freiem Kinn.

Töne durch Gegenzug verankert werden: Weil der eine Künstler am unteren Ende das Seil mit seinem Körpergewicht nach unten strafft, kann sich der andere elegant hinaufschwingen und Pirouetten drehen.

In diesem Kapitel zeigen wir Ihnen beides: wie Sie den Tiefstand des Kehlkopfs durch gezielte Entspannung fördern. Und wie Sie sich mittels Gegenzug in hohe Tonlagen hinaufschwingen.

Anatomie: Tiefen und Höhen gehören zusammen

Die Sirene macht es vor: Hohe und tiefe Töne gehören zusammen, wechseln sich ab und bedingen sich gegenseitig. Die Grenze nach unten ist anatomisch gegeben, Sie werden nie tiefer singen können als Ihr tiefster Ton. Oft sind die Sänger jedoch im Kehlbereich verspannt und kennen ihre tiefsten Töne noch gar nicht. Oder Sie nutzen die Körperresonanzen zu wenig.

Die Stimme nach oben lässt sich ausdehnen – auf zwei Oktaven und mehr. Profis schaffen drei Oktaven, mit Obertönen und Kehlkopf-Pfeifen sogar fünf Oktaven.

Hoch singen bedeutet Spannkraft im Körper, mehr Volumen und maximale Resonanzverstärkung im Kopf. Die Stimmbänder sind gespannt und liegen eng zusammen, die Schallwellen breiten sich im Kopf aus. Daher der Begriff Kopfstimme. Hoch singen ist eine Art natürliches Schreien. Hohe Töne profitieren davon, wenn die tiefen Töne gut verankert sind.

Tief singen bedeutet in der Tiefe verwurzelter, archaischer Urklang. Die Stimmritze öffnet mehr und an anderer Stelle als beim hohen Ton. Die Stimmbänder schwingen langsamer, mehr Masse schwingt mit. Zusätzlich breiten sich die Schallwellen im Brustkorb aus. Daher der Begriff Bruststimme. Durch bestimmte Techniken (Strohbass, tibetanische Mönche) können die Untertöne der Stimmbandschwingung noch verstärkt werden. Für tiefe Töne braucht es Entspannung, Gelassenheit und Resonanz des ganzen Körpers.

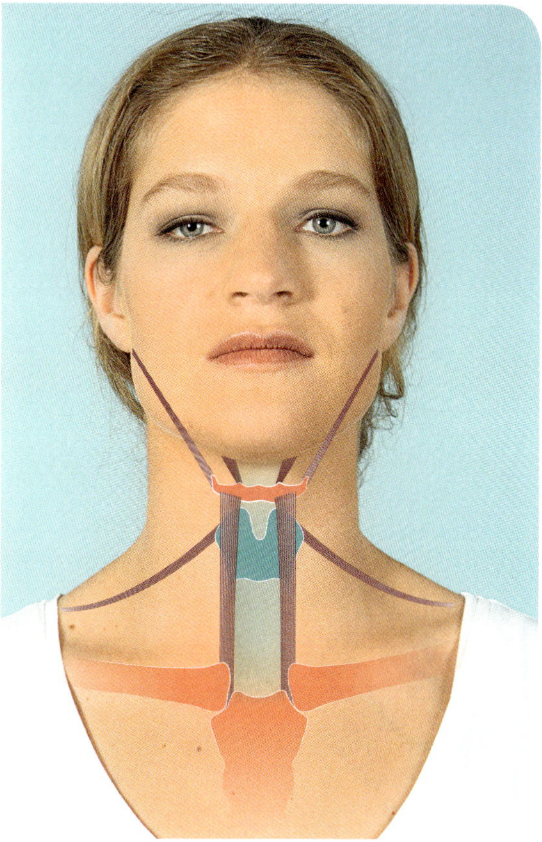

Der Kehlkopf bleibt beim Singen unten und doch flexibel – dank seiner dreidimensionalen Aufhängung.

Kehlkopf-Einmaleins: flexibel und unten

Legen Sie einen Zeigefinger auf den Adamsapfel und fühlen Sie das Ausmaß der Kehlkopfbewegungen – beispielsweise beim Singen einer Tonleiter herauf und herunter. Der Kehlkopf wird sich mitbewegen, sofern es die Aufhängemuskulatur zulässt. Sind Kiefer, Zunge und Aufhängemuskulatur verspannt, wird der Kehlkopf automatisch hochgezogen – er verliert an Flexibilität, der gesungene Ton wird eng.

Der Kehlkopf ist direkt am Zungenbein befestigt und bildet mit diesem eine Einheit. Das Zungenbein wird zum stabilen Relais für hohes und tiefes Singen. Das Zungenbein besitzt muskuläre Verbindungen in alle Himmelsrichtungen: zum Unterkiefer, zum Hinterhaupt, zum Brustbein und nach hinten bis hin zu beiden Schulterblättern. Diese multidimensionale Aufhängung ermöglicht es dem Kehlkopf, selbst im stimmgewaltigsten Orkan ein Pol der Ruhe zu bleiben.

Viele dieser Muskeln sind willentlich schwer anzusteuern. Hier hilft Ihnen das Raumgefühl im Rachen. So können Sie in Ihrer Vorstellung den Kehlkopf dauerhaft in Ruhe lassen, während Sie Terzen hinauf- und hinuntersingen. Der geübte Sänger vermag auch beim Registerwechsel zwischen Kopf- und Bruststimme den Kehlkopf so einzustellen, dass die Übergänge kaum hörbar sind.

In die Tiefe sinken – in die Höhe fliegen

Die einen haben Angst davor und trauen sich nicht. Die anderen möchten sie unbedingt erreichen – die hohen Töne. Angst verspannt den Körper, der Hals wird gestreckt und schwupp – schon ist der Kehlkopf hochgezogen. Der Klangraum fehlt und ein schriller Ton erklingt, der im Hals und in den Ohren schmerzt. Keine Angst, diese Angst lässt sich austricksen. Der Trick liegt darin, erstens ohne Noten zu singen, zweitens Hemmungen spielerisch zu überwinden und drittens hohe Töne fliegen zu lassen, ohne die Verwurzelung zu verlieren.

Ursache für den hochgezogenen Kehlkopf kann auch ein zu hoch gestecktes Ziel sein. Ehrgeiz verhindert die nötige Lockerheit. Vielleicht ist Ihr Körper nicht gemacht für die höchsten der hohen Töne? Das gilt es zu akzeptieren. Für Stimme und Seele ist es gesünder, sich gut in den individuell optimalen Höhenlagen zu schulen und dort die Stimme zum Blühen zu bringen.

Tiefe, weiche Töne vermitteln besondere Stimmungen. Sie gelingen, wenn Sie sich darauf einlassen: Hineinsinken in den tiefen Ton, mit Präsenz den entstehenden Raum einnehmen und mit Klang füllen.

Für die hohen wie die tiefen Töne brauchen Sie einen locker flexiblen Kehlkopf und eine »gähnende Leere« im Mund- und Rachenraum. Das fordert! Sie müssen sich innerlich weit öffnen und es aushalten, dass die Zuhörer Ihnen »ins Herz schauen« können.

Hohe Töne sind schon da

»Ich kann nicht hoch singen!«, sagen viele, doch fünf Minuten später hört man dieselbe Person lachen – in den höchsten Tönen. Oder jemand stößt einen Schrei aus und denkt nicht eine Sekunde darüber nach, ob die Höhe gelingt. Hohe Töne sind sozusagen angeboren. Die Frage ist nur: Wie gelingt der freie, hohe Ton in einem Lied?

Ein von Chorleitern oft gehörter Satz: »Ihr müsst tief denken, um hoch zu singen.« Stimmt! Der hohe Ton braucht ein Gegengewicht, um in die Höhe schnellen zu können. Zuerst das »Gegengewicht-nach-unten«: Nutzen Sie die Schwerkraft, die an Ihrem Körper zieht, für die hohen Töne. Sie können beim Hinaufsingen einen Tisch oder Stuhl anheben oder leicht in die Knie gehen. Beides erdet. Jetzt das »In-die-Höhe-Schnellen«.

Dazu braucht es einen weit geöffneten Rachen, genau an der Stelle, an der Sie gähnen. Machen Sie dort noch weiter auf. Noch weiter! So gelingt der hohe Ton.

Die Pädagogik der tiefen Töne ist ähnlich: Wenn ich Schüler dazu herausfordere, einmal ganz deftig zu brüllen oder einen Bären zu imitieren, funktioniert es plötzlich mit den tiefen Tönen.

Absichtslos und ohne eine vorgefasste Meinung können die meisten Menschen in höchsten Höhen hinauf- und in tiefsten Tiefen hinuntersingen. Für beides braucht es Mut: für die extrovertierte Höhe und für die urige Tiefe.

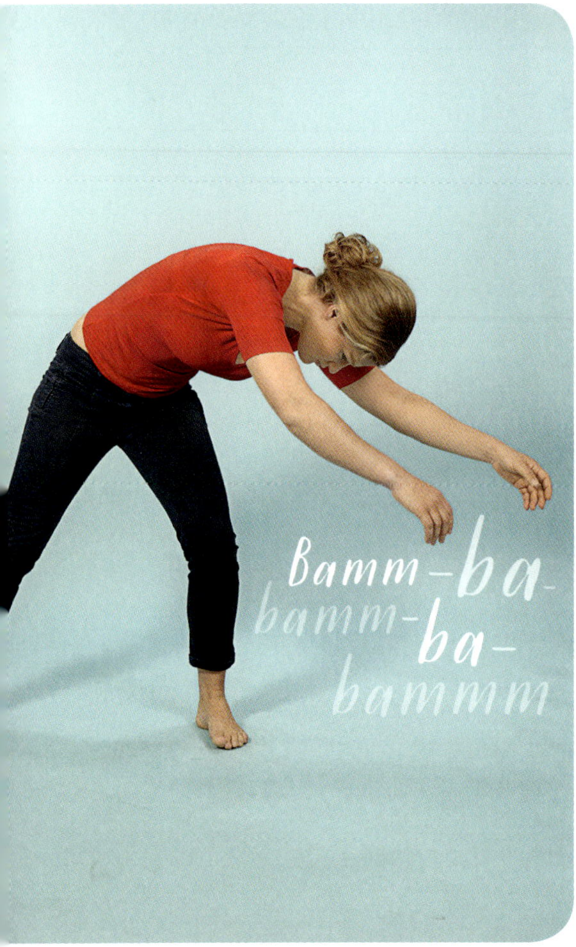

▲ Schwingen Sie vornübergebeugt die Arme seitlich, wie den Klöppel einer großen Glocke. **»Bam-ba-bamm.«**

kurz & stimmig:

- Körper schwingt
- Glocke klingt
- Tief und tiefer
- Touch down!

Wie die große Kirchenglocke

Ziel: Tiefen ausloten und Körperresonanzen aktivieren.

Start: Stehen Sie breitbeinig und lassen Sie den Oberkörper und Kopf vornüber hängen, soweit bequem.

Aktion:
● Schwingen Sie die Armen seitlich hin und her, wie den Klöppel einer großen Glocke. Singen Sie **Bamm-ba-Bamm-ba-Bammm.** Dabei bleibt der Mundraum innen hohl. ● Singen Sie stufenweise tiefer, bis zum tiefsten Ton. Spüren Sie, wie das **Mmm** weich im Gesicht und Schädel vibriert. Nacken und Kehlkopf bleiben dabei locker. ● Richten Sie sich langsam wieder auf, formen Sie mit ausgebreiteten Armen eine Glocke. ● Singen Sie erneut **Bamm-ba-Bamm-ba-Bammm.** bis in die tiefsten Tiefen. Der Kiefer bleibt für den besten Resonanzklang möglichst offen. Genießen Sie die anstrengungslosen tiefen Schwingungen in Brust- und Bauchraum.

Dosierung: 1–2-mal zur Vorbereitung auf tiefe Passagen. Als Ausgleich zu den hohen Tönen.

Aufgepasst! Den Kehlkopf keinesfalls herunterdrücken, sondern frei schwingen lassen. Alle andere ist ungesund!

Das »ng« als Nadelöhr nach oben

Ziel: Den Schädel als Resonanzraum für hohe Töne gezielt öffnen, Entwicklung der Kopfresonanz.

Start: Lockern Sie den Kiefer und gähnen Sie genüsslich.

Aktion:
● Singen Sie ein langes **ng** mit weit offenem Kiefer und Mund. Schicken Sie den Ton in der Vorstellung in die Stirn, bis Sie dort eine Schwingung spüren und der Klang sich heller färbt: Obertöne schwingen mit! ● Singen Sie die Tonleiter zur Quinte hinauf und hinunter mit **ng**. Mund und Rachenraum bleiben offen, der Kehlkopf tief, das Gesicht entspannt, leicht lächelnd. ● Wechseln Sie ab: auf **ng** die Quinte hinauf und hinunter, gefolgt von **aa** nach dem gleichen Muster. Dann stufenweise einen halben Ton höher beginnen. ● Prüfen Sie, ob die Zunge beim **aa** wie ein Löffel am Mundboden liegt. Spüren Sie, wie sich das Gaumensegel hebt, wenn Sie stufenweise in die Höhe gehen.

Dosierung: 3–5 Minuten, ohne die Stimme zu überfordern.

Aufgepasst! Der Mund geht bei **ng** tendenziell zu, lassen Sie ihn gähnend weit offen. Achten Sie auf gute Atemstütze.

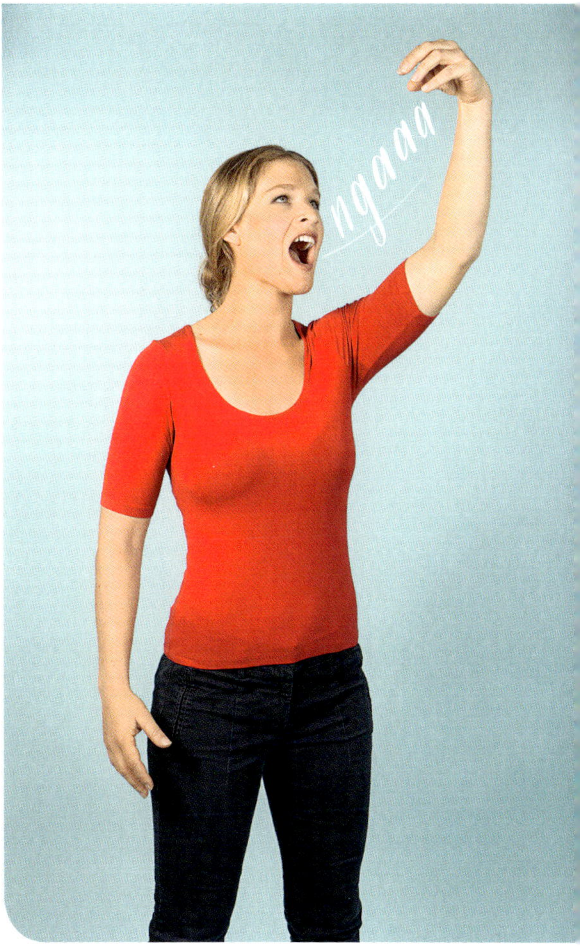

Finden Sie das geheime Türchen für hohe Töne. Der Schlüssel ist das **»ng«**!

kurz & stimmig:
- Kehlkopf sinkt
- Schädel schwingt
- Mein Ton fliegt
- Hoch und weit!

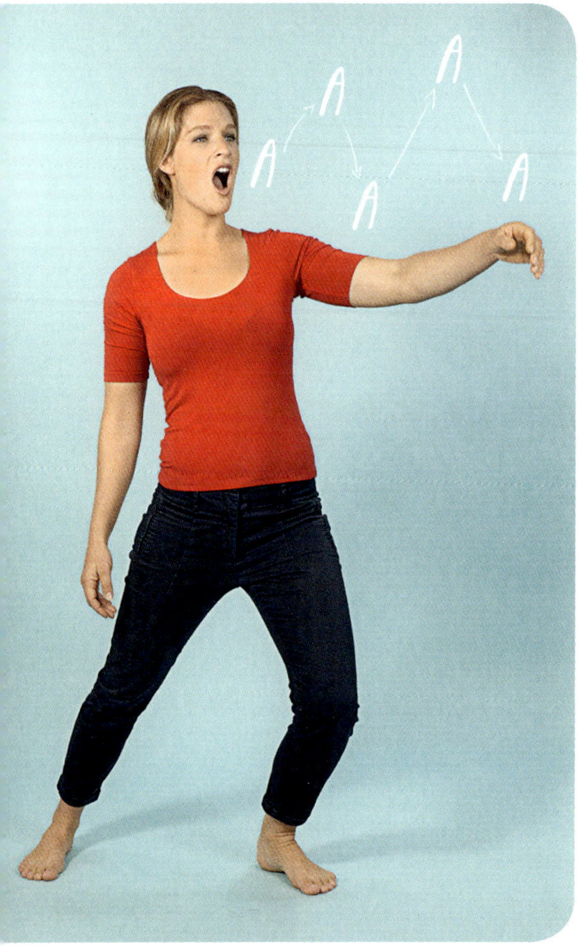

▲ Lassen Sie vor dem hohen Ton den Körper in die Knie fallen, weiten Sie dabei den Rachen.

Tiefer Fall, hoher Ton

Ziel: Hoch und tief Singen miteinander verbinden.

Start: Stehen Sie locker, einen Fußbreit auseinander, lassen Sie dabei den Mund weit geöffnet.

Aktion:
● Singen Sie einen tiefen Ton auf dem Vokal **AAAA.** ● Schleifen Sie nun fünf Töne nach oben und wieder zurück auf **AAAA**. Lassen Sie vor dem hohen Ton den Körper in die Knie fallen. ● Schleifen Sie nun acht Töne auf **AAA** nach oben und wieder zurück. ● Steigern Sie die Herausforderung: Singen Sie einen Dreiklang und dann den weiten Sprung zur Oktave hinauf. Körperlich besonders gut in die Gegenbewegung gehen.

Dosierung: Je einmal in gut erreichbaren Stimmlagen.

Aufgepasst! Den Kehlkopf niemals hochziehen. Denken Sie bei der Quinte daran, dass Sie die Oktave auch noch erreichen möchten.

kurz & stimmig:
- Herunterschwingen
- Hinaufklingen
- Wer tief fällt
- kann hoch singen

Keine Angst vor hoch und laut

Ziel: Die »Maske« für den modernen Gesang einsetzen.

Start: Lockern Sie Kiefer, Zunge und Mund. Bauen Sie eine gute Atemstütze auf, siehe auch Stütze (Seite 45).

Aktion:
● Singen Sie auf einer beliebigen Melodie **miaou-miaou-miaou.** Formen Sie die Laute deutlich und singen Sie schrittweise höher. Durch die Vibration um Augen und Nase herum entsteht ein metallischer Klang. ● Schmettern Sie ein scharfes **därra därra** oder **dällä dälla.** Achten Sie darauf, dass der Mundraum offen ist, die Zunge beim **Äää** am Mundboden liegt und der Kehlkopf tief hängt. ● Singen Sie laut und überdeutlich auf einem bequemen Ton: **Nie mehr müde, nie mehr müde, nie mehr müüüüde.** Projizieren Sie die Klänge aus der Stirne hinaus. Gehen Sie schrittweise hinauf, akzeptieren Sie Ihre momentanen Grenzen. Lassen Sie die Töne fliegen.

Dosierung: 5–10-mal zum Einsingen.

Aufgepasst! Kehlkopf nicht verspannen. Ton nicht in der Nase einklemmen.

Variante: Singen Sie einen Song und lassen Sie in der Höhe die Töne durch die Nase und Stirn hinausfliegen.

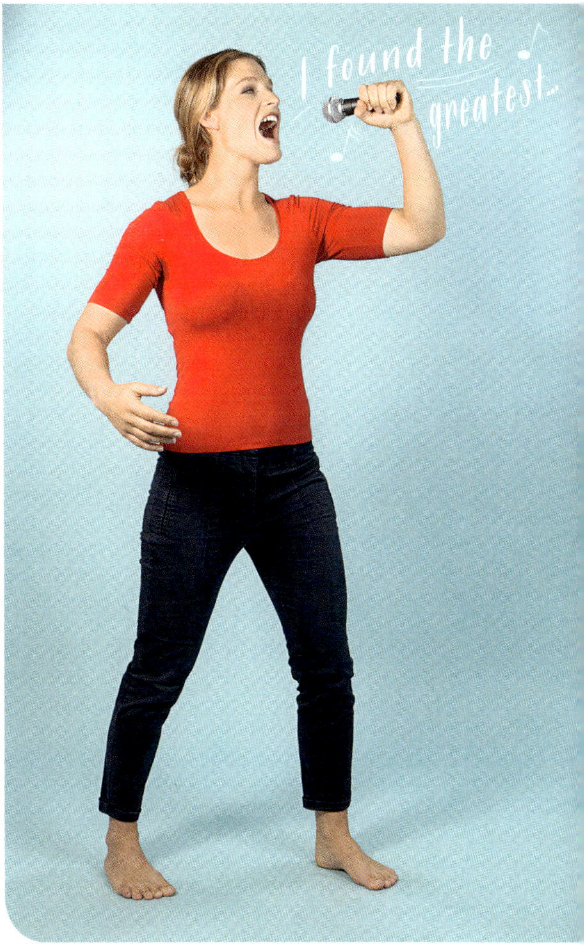

Metallischer Klang für modernen Gesang.

kurz & stimmig:
- Stirn flirrt
- Ton schwirrt
- Fliegt weit
- Metallisch!

Service

Glossar

Abspannen: Ist die Fertigkeit, schnell und geräuschlos wieder zu Luft zu kommen, im Zusammenspiel von Zwerchfell, Brustkorb, Kiefer, guter Artikulation und flexiblem Kehlkopf. Für das Abspannen wird ein großes »V« in die Noten eingezeichnet.

Artikulation: Ist die Fähigkeit, die Laute deutlich zu formen, um gut verstanden zu werden. Zudem unterstützt eine gute Artikulation das Abspannen.

Atemmuskeln: Am Atemprozess sind neben dem Zwerchfell auch Muskeln im Bereich von Hals und Brustkorb und Flanken beteiligt.

Gaumensegel: Ist der hintere weiche Teil des Gaumens. Es ist beweglich und kann gehoben werden, um den Resonanzraum für die Töne zu öffnen.

Maske: Das Gesicht, die Stirn und Nasengegend, wo am meisten Resonanz entsteht.

Sitzbeinhöcker: Unterster Bereich des Beckens, fühlbare Knochen, auf denen wir sitzen.

Spiraldynamik®: Bewegungs- und Therapiekonzept, basierend auf Anatomie und und Evolutionsgeschichte.

Stimmbänder: Sind die Muskeln mit Sehnenanteil, die im Kehlkopf Vibrationen erzeugen.

Stimmlippen: Ist der anatomische Begriff für die Stimmbänder.

Stütze: Bewirkt, dass die Luft beim Singen dosiert entweicht, siehe auch Stütze (Seite 45).

Zwerchfell: Ist der wichtigste Atemmuskel des Menschen; er vermag in kürzester Zeit die Lunge mit neuer frischer Luft wieder aufzufüllen.

Stimmige Tipps von Stimmprofis

Einsingen: Wärmen Sie sich vor dem Singen auf. Wie jeder Tänzer und Sportler.

Heiserkeit: Übermäßiges Stimmtraining, Unterspannung im Becken-Bauch-Flankenbereich, Überspannung im Brust-Hals-Gesichtsbereich, fehlende Resonanzverstärkung im Mund-Nasen-Rachen-Raum – all dies strapaziert die Stimmbänder. Bei bleibenden Stimmproblemen empfehlen wir auf jeden Fall einen Phoniater (Stimmarzt) aufzusuchen.

Schonung der Stimme: Der beste Weg, Ihre Stimme zu »schonen«, ist deutlich zu sprechen, gut zu stützen und gut abzuspannen. Flüstern schadet, denn technisch gesehen, machen Sie dann alles falsch: Sie stützen nicht richtig, die Weite im Rachen fehlt, Sie artikulieren undeutlich.

Fazit: Lieber schweigen oder etwas lauter und technisch korrekt, anstatt zu flüstern.

Liebe Leserin, lieber Leser,

hat Ihnen dieses Buch weitergeholfen? Für Anregungen, Kritik, aber auch für Lob sind wir offen. So können wir in Zukunft noch besser auf Ihre Wünsche eingehen. Schreiben Sie uns, denn Ihre Meinung zählt!

Ihr TRIAS Verlag

E-Mail-Leserservice
kundenservice@trias-verlag.de

Lektorat TRIAS Verlag
Postfach 30 05 04
70445 Stuttgart
Fax: 0711 89 31-748

Vorbereitung auf die Chorprobe oder Singstunde

Noch im Büro? Der Körper müde und schlapp und gar nicht zum Singen bereit? Mit kleinen und leisen Turnübungen können Sie die Zeit zwischen Büro und Probe überbrücken, um den Körper für das Singen bereit zu machen – egal ob in der Straßenbahn oder im Auto. Öffnen Sie immer wieder leicht den Mund. Machen Sie Grimassen mit dem Gesicht. Ziehen Sie die Schultern hoch und lassen Sie sie wieder fallen. Kreisen Sie mit den Schultern und machen Sie gleichzeitig »Purzelbäume mit der Nase«. Kontrollieren Sie Ihre Haltung auf dem Stuhl: Becken, Brustkorb, Kopf im Lot übereinander? Ziehen Sie den Beckenboden zusammen und lassen Sie ihn wieder los. Machen Sie Kreisbewegungen mit der Zunge im Mund hinter den Zähnen, vor den Zähnen. Massieren Sie das Gesicht mit den Fingern. Wenn es nicht stört, rollen Sie das **»rrr«** oder lassen Sie Ihre Lippen flattern.

Stimmpflege

- Befeuchten Sie in der Heizperiode die Nase mit Meersalzsprays und benutzen Sie Luftbefeuchter. Bei Pollenbelastung nützt ein Luftreiniger.
- Folgende Nahrungsmittel können Ihre Stimme verschleimen: Milchprodukte, Schokolade, Bananen, süße Fruchtsäfte, Nüsse. Essen Sie lieber einen sauren Apfel vor dem Singen! Das berühmt-berüchtigte halbe Glas Weißwein macht Sinn wegen der Säure, die adstringierend (zusammenziehend) auf die Stimmbänder wirkt.
- Pfefferminztee, Kaffee, starker Alkohol und starke Halspastillen trocknen die Schleimhäute aus. Trinken Sie regelmäßig stilles Wasser.
- Essen Sie vor dem Singen weder zu viel noch zu wenig.
- Ingwertee, Salbeitee und Malventee desinfizieren den Rachenraum.
- Kauen Sie bei aufkeimenden Halsschmerzen frische Salbeiblätter oder lutschen Sie Salbeipastillen, vermeiden Sie auf jeden Fall scharfe Halspastillen.
- Sport hält Instru-Mensch fit!
- Öffnen Sie immer wieder leicht den Mund, gähnen Sie viel und genüsslich.
- Wenn Sie sitzend singen müssen: Rutschen Sie nach vorn auf dem Stuhl und richten Sie sich auf, von den Sitzbeinhöckern bis zum Scheitel.
- Anabole Steroide können die Stimme in kürzester Zeit für immer ruinieren.
- Vergrößerte Mandeln verkleinern den Rachenraum und beeinträchtigen die Stimme.
- Verkrümmungen der Nasenscheidenwand beeinträchtigen die Klangqualität, es kann näselnd klingen.

Literatur

[1] Coblenzer H, Muhar F: Atem und Stimme. öbvhpt Oester, Bundesverlag: Wien; 1976

[2] Seidler W, Wendler J: Die Sängerstimme. Henschel: Leipzig; 1997

[3] modifiziert nach Heinrich von Bergen: Unsere Stimme. Ihre Funktion und Pflege II; Musikverlag Müller und Schade AG, Bern 1999

Bibliografische Information der Deutschen Nationalbibliothek
Die Deutsche Nationalbibliothek verzeichnet diese Publikation in der Deutschen Nationalbibliografie; detaillierte bibliografische Daten sind im Internet über http://dnb.d-nb.de abrufbar.

Programmplanung: Sibylle Duelli
Redaktion: Sabine Josten, Bochum
Bildredaktion: Christoph Frick, Nadja Giesbrecht

Umschlaggestaltung und Layout: CYCLUS Visuelle Kommunikation, Stuttgart

Bildnachweis:
Umschlagfoto: Claudia Larsen, Zürich
Fotos im Innenteil: Claudia Larsen, Zürich
Grafiken: S. 16, 17, 18, 26, 28, 37, 46, 47, 57, 67, 76, 77, 86, 87 Martin Hoffmann, Neu-Ulm; S. 14, 21, 22, 24, 31, 32, 33, 34, 40, 41, 42, 43, 44, 50, 51, 52, 53, 54, 60, 61, 62, 63, 64, 70, 71, 72, 73, 80, 81, 82, 83, 84, 86, 87, 90, 91, 92, 93 Daniela Sonntag, Stuttgart
Model: Patricia Bleiker

1. Auflage

Printed in Germany

Satz: Fotosatz Buck, Kumhausen
Repro: LUDWIG:media gmbh, Zell am See
Gesetzt in Adobe InDesign CS6
Druck: AZ Druck und Datentechnik GmbH, Kempten

Gedruckt auf chlorfrei gebleichtem Papier

ISBN 978-3-89948-293-5 Carus Verlag
ISBN 978-3-432-10302-0 TRIAS Verlag

Auch erhältlich als E-Book:
eISBN (ePub) 978-3-432-10304-4

2 3 4 5 6